Grammaticae Speculativae

Thomas, John Duns Scotus, Mariano Fernández García

B. Joannis Duns Scoti Doct. Subtilis

O. F. M.

GRAMMATICAE SPECULATIVAE

NOVA EDITIO

CURA ET STUDIO

P. FR. MARIANI FERNÀNDEZ GARCÌA

EJUSDEM ORDINIS

AD CLARAS AQUAS (QUARACCHI)

PROPE FLORENTIAM

Ex Typographia Collegii S. Bonaventurae

1902.

B. Joannis Duns Scoti Doct. Subtilis

O. F. M.

GRAMMATICAE SPECULATIVAE

NOVA EDITIO

CURA ET STUDIO

P. FR. MARIANI FERNÀNDEZ GARCÌA

EJUSDEM ORDINIS

AD CLARAS AQUAS (QUARACCHI)

PROPE FLORENTIAM

Ex Typographia Collegii S. Bonaventurae

1902.

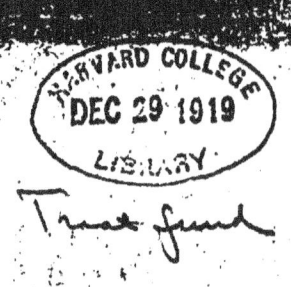
Proprietas litteraria.

FR. DAVID FLEMING

VICARIUS GENERALIS

TOTIUS ORDINIS FRATRUM MINORUM

Ex parte Nostra nihil obstat, quominus Doctoris nostri Subtilis Ioannis Duns Scoti Opus *De Modis significandi* seu *Grammatica speculativa,* a P. Mariano Fernàndez correctum et opportunis annotationibus illustratum, typis Nostri Collegii S. Bonaventurae ad Claras Aquas edatur. Servatis aliis servandis.

Datum Romae, die 4 Octobris, S. P. N. Francisco sacra, 1902.

L. ✠ S.

FR. DAVID FLEMING,
Vic. Glis.

IMPRIMATUR.

Fr. ALBERTUS LEPIDI, O. P. S. P. A. *Magister*.

IMPRIMATUR.

IOSEPH, Archiep. Myr. *Vicesgerens*.

dingo collectis et sexdecim ingentibus tomis editis.

3. Ratio vitam Scoti praemittendi. — « Qualis autem fuerit Scotus, fulgentissimum sapientiae et pietatis iubar (1) », lubet, breviori licet calamo, describere, eo vel magis, quod « in eius nomine tota pereclitatur Religio, quae hoc uno gloriatur Magistro, huius indefesse sectandam sibi proposuit disciplinam (2) ».

4. Scoti nativitas. — Saeculo XIII ad occasum properante (1274), nostrae mortalitatis tenebras ingressus est *Ioannes,* cognomento *Duns Scotus,* qui et perennis famae templum, et immortalitatis portum celeri petiit cursu, regenerationis undis eum secundo alveo vehuntibus.

5. Aeducatio. — Si fides testibus omni exceptione maioribus habenda est, ab ipsis rationalis vitae exordiis, et naturae dotibus et gratiae supernae largitionibus prae communi hominum sorte donatus apparuit. Ferunt siquidem, ipsum in pastorali officio priores annos innocentissime transegisse; Dominicam Orationem semel a quodam Fratre Minore auditam illico memoria retinuisse, magno-

---

(1) Waddingus, *Annal. Minor.* ad an. 1304, n. 16.
(2) Wadding. ib. ad ann. 1308, n. 71.

EDITORIS PRAELOQUIUM

1. **Operis authenticitas.** — Sequens Opus, *De Modis significandi*, seu *Grammatica speculativa* dictum, genuinum esse Beati Joannis Duns Scoti foetum, pluribus evincit clarissimus P. Lucas Waddingus, cuius sententia manuscriptorum codicum auctoritate roboratur, Auctorumque testimonio confirmatur; quibus accedit ipsius Doctoris Subtilis fides, qui in Operibus theologicis saepe hunc laudat tractatum, quem scripsisse videtur Oxoniae circa annum 1293, forte antequam docendi munus auspicaretur.

2. **Editiones.** — Satis notum fuisse et usitatum, comprobant frequentes eiusdem citationes apud Scriptores saec. XIV. et XV, et exemplaria manuscripta quae interdum inveniuntur. Post inventam vero typographicam artem, novimus pluries excusum fuisse, exempli gratia Venetiis anno 1499, ibidem an. 1519, Parisiis an. 1605, Lugduni an. 1639., una cum aliis Scoti Operibus ab Wad-

que devotionis affectu recitasse; nedum in frequentanda Dei Domo, verum etiam inter campestres orare, socios ad orandum, et Deum colendum verbo et exemplo incitare, sanctum illi fuisse; ex quo plurimam apud coaequales, natuque maiores adeptus est existimationem.

6. **Ad Ordinem Minorum vocatio.** — Nec desunt qui et ipsius ad Ordinem Seraphicum vocationem peculiari tribuant prodigio. Certo certius, audita coelestis Sponsi voce, paruit statim; aspera tectus tunica, vili cinctus chorda, viliorem, asperioremque ducere coepit vitam, virtutum exercitio adeo illustratam, ut vel ipsis provectioribus admirationi esset et exemplo.

7. **Studiis incumbet.** — Indefesso virtutum cultui assiduum adiecit scientiarum studium, ut Maiorum iussis faceret satis, aptiorque animabus Christo lucrandis evaderet.

8. **B. V. apparitio.** — Subtilissimi ut erat ingenii, quae ignaris obvia videri solent profundius perscrutans, plura se latere noscebat, quae ut penitius ipsi intueri daretur, supernum exposcebat lumen, Sapientiae Incarnatae Matrem Immaculatam humili, constantique prece adiens. Nec cunctata est misericordiae Mater; iuveni siquidem fessam naturam brevi somni quiete ad duriores la-

bores sublevanti benignissima adfuit, subli-
mia ei patefecit arcana, adfuturam perpetuo
promisit, modo et ipse, ultra plenam officio-
rum servantiam, Matris illibatam originem
pro viribus se defensurum polliceretur.

Quidni dubium? Quod firma fide semper
crediderat, constanter professurum et strenue
evicturum, quibuscumque adversis superatis,
verbo Deo suique dulcissimae Matri dixit,
ac opere plene complevit.

9. **Progressus in studiis.** — Hinc concre-
vit ut pluvia doctrina eius, fluit ut ros elo-
quium eius, et in omnibus seipsum praebuit
exemplum bonorum operum: in doctrina, in
integritate, in gravitate, provectiores facile
superans, uti Praesules facto testati sunt,
eum 20^m aetatis annum vix attingentem stu-
diosae praeficientes iuventuti, cui politiores
primo litteras, dein philosophicas discipli-
nas, theologicasque post tanto cum plausu
tradidit, ut brevi longe divulgatum fuerit
nomen eius, ac omni ex angulo terrarum ad
eum audiendum doctissimi quique turmatim
confluerent. Nec mirum! teste namque cla-
rissimo Cornelio a Lapide, in expositione cap.
7. v. 22: *Spiritus intelligentiae subtilis,*
« hunc subtilitatis spiritum in speculationi-
bus Sapientia prae aliis communicavit Ioanni
Scoto Ordinis S. Francisci, qui illum ut suum

in Theologia et Philosophia Magistrum colit
et sequitur; unde vulgo vocatur Doctor *Subtilis* ».

10. Immaculatam B. V. M. Conceptionem
propugnat. — Memor verbi Virgini Matri
(vid. n. 8), magis cor Subtilis Doctoris intra
se in dies concaluit, et in meditatione illi-
batae puritatis ignis amoris filialis mirifice
exardescebat, quo cunctos cupiebat inflam-
mari. Verbo et scripto Immaculatam B. M.
Virginis Conceptionem propugnare pro viribus est aggressus, fidelibus populis e sacro
suggestu, ex cathedra discipulis innumeris
eam docens, et omnigeno argumento firmans.
Quod Oxonii prius, Parisiis dein, solemni in
congressu Doctorum, summa cum laude per-
fecit. « Qui de publico hoc eius congressu
scribunt, illud singulare et memorandum
commemorant, quod dum ad disputationis
locum procederet, coram obvia beatae Virginis statua marmorea breviter oraverit, eiusque opem postulaverit, simulacrum vero in-
clinato capite significavit supernum ei non de-
futurum auxilium. Nihil profecto Scoti nomen
reddidit illustrius, quam suscepta haec pro
Virginis indemnitate tutela; nam et ex hac
disputatione *Doctoris Subtilis* agnomen ad-
haesit, et perennem gloriam acquisivit. Quam-
quam enim in theologicam facultatem plu-

rimas invexerit novas, et antiquas innova-
verit sententias, ex hac una de Mariae Immaculato Conceptu, tamquam proprio stem-
mate, gloriosius enitescit, et pene omnibus
posterorum votis collaudatur (1) ».

Quod cum ita sit, haud ingratum erit
lectoribus eloquentem audire vocem Excmi.
ac Rmi. D. Aloysii Canali a Parma, quon-
dam Ordinis Fratrum Minorum Generalis
Ministri, nunc Ptolemaidensium Archiepi-
scopi, ita de meritis Doctoris Subtilis et Franciscanae Scholae coram amplissimo Ordinis
Senatu in Comitiis Generalibus an. 1889 ad
S. Antonium de Urbe coadunato:

« Submisse ergo concludam, sententiam
de sanctificatione Virginis post originale peccatum contractum, fuisse communem in Scholis saeculi XIII, atque a celebrioribus Doctoribus illius temporis amplexatam, secutam,
atque defensam. Idque, quia sententia de immunitate Virg. a peccato originis putabatur
aliena (ait Caietanus) *a doctrina antiquorum Doctorum, et a doctrina sanctorum
communiter*.

« Quomodo igitur pia sententia de Immunitate Virginis a peccato originis processit
ita a saeculi XIV exordio, ut pedetentim ad

----

(1) Wadding. ib. n. 35.

se traxerit Theologos, Universitates, Academias, Ordines Religiosos, Principes, populos, auctoritatem etiam Ecclesiae? Oh! praeclaram Beati Francisci sobolem! Te numquam dignis praeconiis satis laudatam ambabus ulnis amplector, tibi omnia fausta praenuntio! Ex te siquidem prodiere viri illi doctissimi, qui Mariam beatissimam praedicaverunt, eiusque privilegium constanter patrocinati sunt! Gloria haec prae omnibus excelsior!

« Huius autem generosae cohortis dux fuit Ioannes Duns Scotus Ordinis Minorum, ob acre suum ingenium dictus *Doctor Subtilis*. Hic, ut bene nostis, de adversariis Mariani privilegii triumphum egit prius Oxonii, dein Parisiis, ac denique Coloniae Agrippinae. Quaestionis sensu optime comprehenso, momentis hinc et inde ad trutinam revocatis, Scripturis et Patribus profunde scrutatis, omnibus peracuto ingenio perpensis, sententiae tunc in scholis communi modeste, ut ipsi moris erat, sese opposuit, sequentia ponens pro fundamento: « Deus potuit facere, quod ipsa (Beata Virgo) numquam fuisset in peccato originali; potuit etiam facere, ut per tempus aliquod esset in peccato, et in ultimo instanti illius temporis purgaretur (1) ». Post

---

(1) In III. Sent. Dist. 3. quaest. 1. n. 9.

haec suam mentem non assertive, sed dubi-
tative aperit his verbis, quae miram eius
humilitatem patefaciunt: « Quid autem hô-
rum trium, quae ostensa sunt esse possibilia,
factum sit, Deus novit: si auctoritati Ecclesiae, vel auctoritati Scripturae non repugnet,
videtur probabile quod excellentius est attribuere Mariae (1) ». Valde cautus, ut quis-
que videt, ipse incedit, quia in communem
sententiam ac in omnes Scholae Parisiensis
Magistros insurgebat. At, quaero, pari ne
modo sese gessisset, si revera Alexander
Halensis, Divus Thomas, Seraphicus Bona-
ventura, ceterique celeberrimi illius saeculi
Doctores, ut vellent neoterici, praeservationem
Virginis a labe originis asseverassent? Mi-
nime hercle! Caute itaque ac timide Subtilis
Doctor processit prius ob adductam rationem,
sed postea abruptis moris, in eodem loco
loquens de merito Christi in primo instanti
suae Conceptionis, ait: «... Beata Virgo Mater
Dei, quae numquam fuit inimica actualiter
ratione peccati actualis, nec ratione origina-
lis, fuisset tamen, nisi fuisset praeserva-
ta (2) ». Cumque, fervente controversia, ca-
tholicorum animus abhorreret vel a suspi-

(1) Id. Ib. n. 10.
(2) Id. Id. dist. 18. n. 13.

cando in Virgine originale peccatum, acuit ingenium suum, profundius studuit quaestioni, et ad hanc devenit conclusionem : « Maria Mater Dei in primo instanti suae Conceptionis, idest in illo instanti, in quo eius anima unita fuit corpori, contraxit originalem maculam, vel quia Deus *non potuit* eam praeservare, vel quia *non decuit,* vel quia *noluit:* at nullum horum trium admitti recte potest; ergo fecit, idest eam reapse immunem reddidit ab omni culpa, ita ut nec per momentum obnoxia fuerit peccato, et ita exempta a lege omnibus Adae filiis communi (1) ».

« Quam conclusionem, cum e suggestu Parisiensis Universitatis primus asserendo proclamaverit et defensaverit, contra (ut dictum est) opinionem communem, propugnare eamdem debuit, ac de eadem publicam reddere rationem. Quod et viriliter fecit in solemni disputatione, quam ibi tenuit. Et primo quidem probando, ut videre est in III. Sent. dist. 3. quaest. 1., non obstare auctoritati Scripturae sententiam suam. In medium ipse profert textus pro adversa parte, eosque ad nihilum redigit. Nam si hi legem generalem innuunt, quod omnes ab Adamo procreati

(1) Id. ib. dist. 3.

peccatum contrahunt originale, non exclu-
dunt tamen aliquam exceptionem pro singulari creatura, quemadmodum quamplurimis
eiusdem Scripturae exemplis constat quoad
facta analoga. Nonne Deus auctor naturae
simul et gratiae? Nonne ipse huius gratiae
dispensator, sicut post infusionem animae,
ita et in primo instanti infusionis? « Ita ex-
ponendae sunt auctoritates (ait ipse), quod
omnes naturaliter propagati ab Adam sunt
peccatores, hoc est ex modo, quo habent naturam ab Adam, habent unde careant iusti-
tia debita, nisi eis aliunde conferatur; sed
sicut posset post primum instans conferre
ei gratiam, ita posset et in primo instanti (1) ». — Secundo, nec ratione Redemptionis, qua omnes filii Adae indiguerunt et in-
digent, obstare piam sententiam auctoritati
Scripturae, demonstrat Scotus noster. « Nam
Maria (sunt eius verba) maxime indiguisset
Christo ut Redemptore: ipsa enim contra-
xisset peccatum originale ex ratione propa-
gationis communis, nisi fuisset praeventa per
gratiam Mediatoris, et sicut alii indiguere
Christo, ut per eius meritum remitteretur
eis peccatum iam contractum, ita illa magis
indiguit Mediatore praeveniente peccatum,

---

(1) Id. ib. n. 14.

ne esset ab ipsa aliquando contrahendum, et ne ipsa contraheret (1)». Quare, iuxta Doctorem Subtilem, Maria, gratiae plenitudine praeventa a Christo Redemptore, ne peccatum contraheret, large abundantius et excellentissime participavit infinitis meritis ineffabilis Redemptionis.

« Quod si Virginis immunitas a labe primaeva non obstat auctoritati Scripturae, nec auctoritati Ecclesiae obstare potest, ac ideo maximopere *decuit*. Ita impavide progreditur Doctor noster, et amplissime assumptum suum roborat argumentis a dignitate Christi depromptis, cuius Maria est Mater inclyta. Valde sane decebat, quod *essentialiter Sanctus, Innocens, Impollutus, Segregatus a tabernaculis peccatorum*, Matrem in tempore secundum carnem haberet nedum sanctificatam, sed sanctam vel a primo suae Conceptionis instanti, Matrem nunquam peccato subiectam, talem Matrem de cuius dominatu nec per momentum gloriari potuisset diabolus! Valde decebat, immunem iri ab omni labe illam, quae a diebus aeternitatis fuit a Deo creata primogenita creaturarum, exaltata quasi cedrus in Libano, quasi cypressus

---

(1) Id. ib.

in Monte Sion, quasi palma in Cades, quasi plantatio rosae in Iericho, et quae sicut cinnamomum et balsamum aromatizans, et quasi myrrha electa dedit suavitatem odoris: valde decebat, quod Maria, *gratia plena, inter mulieres benedicta, beata ab omnibus generationibus* acclamata, exempta foret a communi lege peccati, et infinitis meritis Filii sui, ex singulari privilegio, esset redempta excellentiori redemptionis modo, id est praeservatione a culpa. Valde demum decebat, quod *Filia, Mater* et *Sponsa Dei,* nullo unquam instanti diaboli foret captiva. At ecquis dubitat, vel dubitare potest, (en conclusio ultima Doctoris Mariani) id quod valde decebat, Deum voluisse ac fecisse? Nonne principium est inconcussum ab Augustino praestitutum, quod « quidquid tibi vera ratione melius occurrerit, scias fecisse Deum, tanquam bonorum omnium Conditorem (1) »? Quinam autem Scoticae disputationis exitus? En! quod pia sententia communior ita evasit, ut, teste Aureolo (2), post 30 annos ab ipsa, in Universitate Parisiensi festum celebraretur Immaculatae Conceptionis B. Virg. Mariae.

« Et hic laudem, quam in hac controver-

_____

(1) De lib. arb. lib. 3. cap. 5. num. 13.
(2) In Tract. de Concept. Mar. Virg.

sia adeptus est Scotus, et per ipsum Franciscana Schola, considerationi vestrae submitto.
Laus utique maxima ac singularis! Aperuit
namque viam *subiectivo illi progressui* scho-
lasticae Theologiae, qui ope scientiae obti-
netur, quemque summopere commendat et
optat ipsa Vaticana Synodus. Dari namque
huiusmodi progressum, acuto mentis suae
oculo vidit Doctor noster, quia fidei veritates revelatae, quo altiores, eo foecundiores et
conclusionum feraciores sunt. Cum autem ex
una parte ab eo suffulta pia sententia nova
esset, et (teste Caietano) aliena a doctrina
antiquorum Doctorum et Sanctorum, et ob
hanc rationem reiecta a celebrioribus Scho-
lasticis; ex alia vero parte, nihil (fatente
Caietano ipso) sustineret contra fidem, ipse
ope scientiae e veritatibus explicitis fidei,
privilegium infert Mariae, argumentis e ratione theologica depromptis viriliter susti-
nuit, ab obiectisque defendit, tanquam consequens omnipotentiae et sapientiae Dei, di-
gnitatis Christi et excellentiae ipsius Mariae.
Progressus sane legitimus, qui meruit bene-
dici a Deo, approbari a Sede Apostolica, ac
demum coronari solemni dogmatica definitione! Progressus, quem Franciscales sedulo
foverunt semper omni studio, vestigia fideli-
ter sectantes inclyti eorum Ducis.

«Ita autem sedulo foverunt, quod pia sententia dicebatur communiter — Opinio Minorum — et Religio Seraphica *vexillifera* in hac controversia. *Vexillifera* sane *Seraphica Religio* in controversia de Immaculata Virginis Conceptione; unde vix reperies vel in rudi populo, qui id ignoret, et in historicis, qui de Franciscalibus non loquatur.

« Re quidem vera: quis unquam non dicit *vexilliferam Seraphicam Religionem* in tuenda doctrina de Immaculato Deiparae Conceptu, cum eius innumeri et celeberrimi Doctores semper et ubique parati sunt inventi ad tela repropulsanda adversariorum in Virginem Immaculatam? Paratos etenim eos invenit Ioannes de Montesono, quando anno 1387 instauravit iudicium Alberti Magni, qui dixerat haereticam sententiam faventem privilegio Mariae: hic vi argumentorum pressus silentio fuit damnatus, variaeque eius theses censura notatae. Paratos eos invenit Vincentius de Bandellis, quando anno 1477 in solemni disputatione Romae habita coram Summo Pontifice Sixto IV, ubi Franciscus Nani de Brixia Generalis Minister Ordinis Minorum, cognomen *Samsonis* sortitus est ob suum in arguendo acumen, in respondendo facilitatem, et in dissolvendis adversariorum obiectis miram dexteritatem; cum etiam Ferrariae anno 1482, ubi praesentibus innumeris Doctoribus Minoritis et aliorum Ordinum, praefulsit Bartholomaeus Feltrensis (1), qui Bandellum asserentem « praeservationem Mariae ab originali culpa esse contra fidem, erroneam, haereticam, impiam, item peccare et haereticos esse, qui eam defendunt vel affirmant (2) », rationum pondere fregit plaudentibus omnibus. Utique, utique! quovis loco, quavis aetate, adversarii privilegii Mariani Franciscales Doctores paratos invenerunt ad tuendam piam eorum sententiam, ad sollicite custodiendam pretiosam eorum haereditatem.

« Quid autem dicam de tot tantisque aliis documentis, quae *Seraphicam Religionem vere vexilliferam* in re nostra luce clarius demonstrant? Ecquis omnia effari digne poterit? Ordines, Congregationes, Confraternitates ab Immaculata Maria appellatae, a Minoritis vel erectae, vel promotae, vel propagatae..., ingentia opera typis edita a Scriptoribus Franciscalibus, vel in defensionem, vel in laudem privilegii Mariae, vel in ae-

_____

(1) Wadd. tom. 14. pag. 310.
(2) Vid. Perrone *Disquisit. theolog.* etc. pag. 23. In nota 2.

dificationem fidelium, vel in devotionis et
amoris stimulum erga Virginem benedi-
ctam..., monumenta ubique erecta in eius
honorem, aliaque huius generis, stant in signum perenne affectus Minoritarum erga
Mariam Immaculatam, et fidelitatis in se-
ctando vestigia eorum Ducis, Ioannis Scoti.
Post enim Scoti triumphum pia doctrina nova
in dies luce effulsit: et ab ipso Scoto Doctores insequentes arma praecipue mutuati sunt
ad certandum hoc bonum certamen; at Seraphicus Ordo prae aliis enituit. Audiatur
Cl. P. Io. Perrone S. I. « Minoritae Scholae
Scotisticae addicti eam (piam sententiam)
sibi peculiari ratione vindicandam sumpserunt (1) ».

« At pervenit tandem illud a Deo praefi-
nitum tempus, in quo « Opinio Minorum »
tot tantisque tentaminibus probata, certis
fidei fundamentis innixa, Doctorum auctoritate suffulta, a Sanctis admissa, a fidelibus
culta, a Romanis Pontificibus et a sensu
universalis Ecclesiae approbata, solemniter
definita est de fide credenda; et ita Schola
Franciscana fulgida corona redimita, gloriam
maximam, quam alteri nunquam dabit, ade-

(1) Loc. cit. pag. 18.

pta, sub umbra Immaculatae Patronae consedere tandem potuit post tot tantosque exantlatos labores. Die siquidem 8ᵃ Decembris 1854 Pius PP. IX fel. record. in plenario Ecclesiae consessu, solemni ac infallibili suo decreto proclamavit, doctrinam de immunitate Virginis a peccato originali, qualem per sena saecula docuerat et defenderat Schola Franciscana, esse a Deo revelatam, atque idcirco ab omnibus fidelibus firmiter, constanterque credendam. Quo fidei articulo solemniter pronuntiato, totus in orbe terrarum mundus exultavit, et ubique cantatum est Domino canticum novum, eiusque Immaculatae Matris resonuerunt praeconia. Ordo autem Minorum, gratias agens Deo pro parta victoria ad honorem et laudem Mariae, illa ipsa die per suum Supremum Moderatorem, lilium argenteum Pontifici obtulit festive aiens: « Quod diu, a saeculis, Beatissime Pater, speciali devotione tota exoptabat Franciscalium Familia, illud ipsum hodie infallibile Apostolici oris tui complevit oraculum. Haec propterea Seraphica soboles laetabunda divinam semper exorabit Maiestatem, ut iugiter Sanctitatem tuam in bonum Ecclesiae universae incolumem servet, et ego una cum meis hisce collegis, cliens obsequentissimus Sanctitatis tuae, nomine trium Ordinum Seraphici Patriarchae Francisci, qua eius, licet indignus, successor offero, lilium, symbolum quod est puritatis omnimodae in primo instanti conceptus Immaculati Beatissimae Virginis Mariae ».

11. Coloniam obediens petit. — Ea alacritate qua, Superiorum obsequens votis, Oxoniensibus valedixerat *Scotus*, ut Parisios peteret, Sorbonam relinquit paucos post annos, Coloniam ire iussus, ad haereticos begardos debellandos, novae Universitatis fundamenta constabilienda, Conceptionis Immaculatae sententiam tuendam.

Referunt historici, Litteras obedientiales eum accepisse, dum extra Parisios cum discipulis aliquantisper animo remittendo vacaret. Paruit illico, quin vel Conventum repeteret suos postremo salutandi gratia, manuscripta ordinandi, necessariumve sibi providendi viaticum. Discipulis sciscitantibus respondit: *Pater Generalis Coloniam ire iubet; non in Conventum ad salutandos Fratres redire.*

Tantam in obediendo promptitudinem ab Illo abs dubio didicerat, qui pro nobis obediens usque ad mortem factus, et in formam servi exinanitus, ex Virginis Matris sanctissimis ulnis haud semel ad *Doctoris Subtilis* brachia descenderat, ut in solemniis Na-

talibus Parisiis accidisse testantur Scriptores (1).

12. Obiit. — Coloniam appulsus, vehe-
menter exarsit in Christi Iesu, Matrisque Immaculatae hostes:

> Concepta est Virgo primi sine labe parentis:
> Hic tulit; hic haeresi praelia dira dedit,

referunt inculta carmina apud Subtilis Doctoris sepulcrum posita. At

> Tempora post Christi (an. 1308) propria dulcedine
>   lethum
> Venit atrox raptim carcere composito.

« Plurimis namque sacrarum actionum,
concionum, disputationum et scriptionum ad
fidem illustrandam, mores corrigendos, religionem amplificandam, posteros instruendos,
meritis et virtutibus plenus, consummatus in
brevi explevit tempora multa, donec ei pro
temporariis laboribus Deus aeternam requiem
offerre, ac e terris raptum in coelum (ut pie
credimus) evehere dignatus est. Itaque hoc
anno (1308) VI Idus Novembris, ipsa omnium
Sanctorum octava die, ad Sanctorum omnium
communionem evocatus est (2) ».

---

(1) Factum hoc prodigiosum exprimit pulchra pi-
ctura, quae habetur in choro Ecclesiae S. Mariae de Ara-
coeli ad tergum maioris altaris.

(2) Wadding. ad an. 1308. n. 15.

Quanti a coaequalibus haberetur *Doctor Marianus*, testantur sequentia carmina paulo post ipsius mortem in superiori lapide sepulchri inscripta:

> Clauditur hic rivus, fons Ecclesiae, via, vivus
> Doctor iustitiae, studii flos, arca Sophiae.
> Ingenio scandens, Scripturae abdita pandens,
> In teneris annis fuit; ergo memento Ioannis.
> Dux fuit cleri, claustri lux, et tuba veri.

13. **Eius corporis translationes.** — Qui vivens uti dux et Magister ab innumeris pene secutus fuerat, vix sidera ascensus, uti sanctus coepit venerari, pie invocari, eiusque sepulchrum gloriosius in dies evasit. Primo siquidem conditus ad introitum Sacrarii Ecclesiae Fratrum Minorum Coloniae, ibi per aliquot annos requievit, donec, gliscente eius fama et latius in dies se diffundente, nobiliorem in locum, in medium scilicet chori, translata sunt eius ossa, elegantiori tumulo composito. — Anno 1559 iterum deffossa, eodem in loco sub nobilius longe monumentum recondita sunt; ubi et anno 1619 iterum recognita fuere per Rmum. D. Nuntium Apostolicum. Tandem paucis abhinc annis nova sacrorum ossium peracta est recognitio, praesente Rmo P. Ministro Generali Ordinis nostri.

14. **Cultus Scoto tributus.** — Beato Ioanni Duns Scoto cultum ecclesiasticum pluribi

fuisse adhibitum, nomenque Beati et Sancti tributum, ex plurimis constat testimoniis, quibus in examen vocatis anno 1710 a Rmo. D. Episcopo Nolano, in Ordinario constructo Processu de existentia laudati cultus authenticum dedit testimonium.

Nec mirum, si fidelium devotio in Beatum Scotum semper exarsit; ipse namque propitius exaudire consuevit preces eidem porrectas, et a Deo insignia eum invocantibus beneficia impetrare. Plura insuper prodigia ab eo patrata, nuperrimis etiam temporibus narrantur, quae in praesentiarum referre vacat.

15. Ipsius doctrinae praestantia. — Quid autem de tanti viri doctrina? Breviter dicamus, nullum hactenus erroris naevum suis in scriptis fuisse demonstratum, Ordinis Doctorem a suis discipulis fuisse proclamatum, « ab ipso ferme obitu coepisse haberi in honore per universum Sodalitium, et eius doctrinam placere: eam tradiderunt aliis discipuli, et ab his ad posteros transivit. Ab uno et altero saeculo in disciplina scholastica ab universis Minoritis habetur pro antesignano et communi Magistro, et in aliquot Comitiis Generalibus statutum est, ut Lectores omnes et Magistri, tam in cursu Philosophico, quam Theologico eius sententiam sequerentur (1) ».

_____

(1) Wadding. ib. n. 69.

Qua vero fidelitate Minoriticus Ordo Scoti doctrinae adhaeserit, testantur innumera pene et doctissima opera a nostris Consodalibus ad mentem Doctoris Subtilis conscripta, testatur et Scholae Franciscanae nomen, quae a saeculis *Scotistam* audit.

Ex exteris vero Scoti doctrinam mirantur et laudant omnes; amplexati sunt plurimi, et apud celebriores catholicas Universitates propriam habuit cathedram.

Plures Scoti peculiares opiniones communiter profitentur, et, uti supra retulimus, doctrina de Immaculata B. V. Mariae Conceptione, pro qua Scotistae quique, Ducis vestigia prementes, viriliter decertavere, inter fidei dogmata recensetur; qui quidem triumphus, vel unus, satis esset Doctoris Mariani memoriae in aeternum extollendae.

Scoti Scripta. — Merito Beati Ioannis Scoti prodigiosam foecunditatem mirantur omnes, quam speciali divino auxilio attribuere haud verentur ipsius Vitae Scriptores, censentes viribus humanis fieri non potuisse, ut adeo brevi vitae tempore, tantis distentus occupationibus, tot tantique meriti volumina conscripserit. Sequentia quippe posteris reliquit:

De Modis significandi, doctissimas expositiones super *Universalia* Porphyrii,

Praedicamenta, Perihermenias (bis), libros
*Elenchorum, Priorum, Posteriorum, Phy-
sicorum,* de *Anima,* et *Metheororum* Ari-
stotelis; cuius duodecim libros *Metaphysicae*
tripliciter illustravit, *Commentario* nempe
litterali, *Quaestionibus* et *Conclusionibus.*

Scoti insuper sunt quamplures quaestiones philosophico-theologicae, quas Waddingus *Miscellaneas* vocat, *Collationes Parisienses, Theoremata, De rerum principio,
De primo Principio, De Cognitione Dei, De
Perfectione Statuum;* et omni laude maiores bini in Magistrum Sententiarum *Com-
mentarii,* qui a loco ubi scripti fuerunt,
Oxonienses et *Parisienses (Reportatae)* respective audiunt; necnon et 22 Quaestiones
Quodlibetales.

Haec sunt quae vulgo noscuntur Scoti
Opera hucusque typis edita; quaeque nuper
Parisiis apud Lud. Vivès ultimo cusa 26
magnis voluminibus complectuntur.

Ultra haec autem plura alia scripsit,
quae vel iniuria temporum perierunt, vel
sub bibliothecarum scriniis delitescunt, ex.
gr. *de Paupertate Christi, Postillas* seu
Commentaria in plures S. Scripturae Libros, Sermones de *Tempore* et de *Sanctis,*
ut Scriptorum nomenclatores referunt. Faxit
Deus, ut tantus thesaurus in lucem tandem

veniat, quo sacrae disciplinae locupletius ditentur!

Protestatio. — Hucusque a nobis dicta, cunctaque vita durante proferenda humiliter et sincere subiicimus iudicio S. Romanae Ecclesiae, cuius semper subditi esse volumus, et eiusdem pedibus subiecti, stabilesque in Fide Catholica, uti Legifer noster Seraphicus Franciscus nos verbo et exemplo docuit, et praecipiendo iussit (1), de quo et plenum nobis reliquit exemplum Doctor *Subtilis* et *Marianus*, nedum Ecclesiae auctoritatem supremam et infallibilitatem profitendo, docendo, evincendo, verum et doctrinam, prae aliis sibi charissimam, de Immaculata Conceptione B. V. Mariae, hac firmissima conclusione muniendo:

« Si auctoritati Ecclesiae vel auctoritati Scripturae non repugnet, videtur probabile, quod excellentius est (immunitatem a peccato originali) attribuere *Mariae* (2) ».

Romae, ad S. Antonium, die 4 Octobris, S. P. N. Francisco sacra, 1902.

Fr. Marianus Fernàndez Garcìa,
O. F. M.

---

(1) Regulae c. XII.
(2) *Oxon.* III. d. 3. q. I. n. 10.

DEVOTISSIMAE ORATIONES

THEOLOGIS STUDENTIBUS PERUTILES

A B. P. FR. IOANNE DUNS SCOTO

DOCTORE SUBTILI CONSCRIPTAE

Inter praeclara, tum philosophica tum theologica, quae scripsit Opera B. Ioannes Duns Scotus, ille vere aureus Tractatus venit enumerandus, cui titulus *De primo rerum omnium principio*, in quo, instar aquilae in coelum volantis, quantum humano ingenio possibile esse videtur, Dei naturam ac perfectiones mire perscrutatur, ipsius benignissimi Dei speciali adiutorio innixus, quod ferventissimis precibus in hoc Opere passim interiectis, dum scriberet pius Doctor impetrabat.

Circa finem « recolligendo dicta in hoc Tractatu, mirabilem facit contemplativum discursum, divinas percurrens perfectiones, illuminans quidem intellectum, sed magis accendens affectum. Nectar est suavissimum, cibusque dulcissimus, quibus anima devota, sed theologica, pascitur, delectatur et inebriatur. Ferventissima oratio est, miris modis mentem incitans, ut relictis terrenis, in Deum suum celeri volatu ascendat. Utinam quotidie Studentes theologi eam recitarent! Sentirent proculdubio scintillis divini amoris suas accendi mentes, doctique evaderent doctrice gratia, non scientia inflante, sed charitate aedificante (1) ».

---

(1) P. Hugo Cavellus in *Scholio* ad numer. 36 capituli IV huiusce Tractatus.

ANTE STUDIUM.

O altitudo divitiarum sapientiae et scientiae tuae, Deus, qua omnia intelligibilia comprehendis! Nunquid intellectui meo parvo poteris concludere, te esse infinitum et incomprehensibilem (1)?

Vere, Domine, omnia in sapientia ordinata fecisti, ut cuilibet intellectui rationabiliter videatur, quod omne ens est ordinatum (2).

Domine Deus noster, de tua natura unica, vere prima, vellem perfectiones, quas inesse non dubito, aliqualiter ostendere, si faveres (3).

Domine Deus noster, qui te primum ac novissimum esse praedicasti, doce servum tuum, te esse primum efficiens, ac primum eminens, finemque ultimum, ostendere ratione, quod certissima fide tenet (4).

Domine Deus noster, qui Doctorem venerabilem Augustinum de te Trino seriose scribentem infallibiliter docuisti (5), et Moysi servo

---

(1) Cap. IV. n. 15.
(2) Cap. III. n. 14.
(3) Cap. IV. n. 1.
(4) Cap. III. n. 1.
(5) Cap. II. n. 1.

tuo, de tuo Nomine filiis Israel proponendo,
a te doctore veracissimo sciscitanti, sciens
quid de te possit concipere intellectus mor-
talium, nomen tuum benedictum reserans
respondisti: *Ego sum qui sum*, tu es verum
esse; tu es totum esse; hoc credo; hoc si
mihi esset possibile, scire vellem. Adiuva,
me, Domine, inquirentem ad quantam cognitionem de vero *esse*, quod tu es, possit
pertingere ratio nostra naturalis (1).

POST STUDIUM.

Domine Deus noster, tu primum efficiens; tu ultimus finis; tu supremus in perfectione et cuncta transcendens (2). Tu penitus incausabilis (3), ideo ingenerabilis et in-
corruptibilis, imo omnino impossibile non
esse, quia ex te necesse esse (4), ideoque
aeternus, quia interminabilitatem durationis

---

(1) Cap. I. n. 1.

(2) Ex hac triplici Dei primitate evidenter ostensa
luculentissimum efformat Doctor argumentum pro demon-
stranda Dei existentia, ut videre est hic, c. III. n. 1-10.
— *De rerum principio*, q. 1, art. III. — *Oxon.* I. d. 2.
q. 2. *per tot.*

(3) Iisdem in locis evincit Doctor Dei incausabili-
tatem.

(4) Ibid. ostendit etiam Deum esse ens necessarium.

simul habens sine potentia ad successionem, quia nulla successio potest esse, nisi vel in continue causato, vel saltem in essendo ab alio dependente, quae dependentia longe est a necessario ex se in essendo.

Tu vivus vita nobilissima, quia intelligens et volens (1). Tu beatus, imo essentialiter beatitudo, quia tu es comprehensio tui ipsius. Tu visio tui clara, dilectio iucundissima; et licet in te solo beatus, et tibi summe sine aliis sufficias, tu tamen omne intelligibile simul actu intelligis; tu omne causabile contingenter et libere simul potes velle, et volendo causare (2); verissime ergo es infinitae potentiae.

Tu incomprehensibilis, infinitus; nam nihil omne sciens est finitum; nihil potentiae infinitae est finitum; nihil supremum in entibus, nec finis ultimus est finitum; nec per se existens, simplex penitus, est finitum (3).

---

(1) Circa Dei intellectionem et voluntatem vid. Doctorem, hic c. IV. nn. 5-8; 12-14. — *Oxon.* I. d. 2. q. 2; d. 8. q. 5; d. 39.

(2) Vid. Doctorem, hic c. IV. n. 8. — *De rerum princ.* qq. 3. et 4. — *Oxon.* I. d. 2. q. 2. n. 21. — d. 8. q. 5. n. 17. seqq. — d. 37. n. 21.

(3) De infinitate et incomprehensibilitate Dei agit Doctor, hic, c. IV. nn. 3, 4; 15-30. — *Oxon.* I. d. 2. q. 2.

Tu es infinitae et summae simplicitatis, nullas partes habens re distinctas; nullas realitates in essentia tua habens realiter non easdem. In te nulla quantitas, nullum accidens potest inveniri (1); et ideo es secundum actum non mutabilis, sicut te in essentia tua immutabilem esse superius iam expressi (2).

Tu solus simpliciter es perfectus; non perfectus Angelus, aut corpus, sed perfectum ens, cui nihil deest entis possibilis alicui inesse. Non potest omnis entitas alicui formaliter inesse; sed potest in aliquo formaliter vel eminenter haberi, quomodo tu, Deus, habes, qui es supremum entium, imo solus in entibus infinitum (3).

Tu bonus sine termino, bonitatis tuae radios liberalissime communicans (4), ad quem amabilissimum singula suo modo concurrunt, ut ad ultimum suum finem.

Tu es intelligibilis sub perfectissima ratione intelligibili; tu es tuo intellectui praesens. Tu solus es veritas prima; quippe,

_____

(1) De omnimoda Dei simplicitate fuse agit hic, c. IV, nn. 1-2 et 31-35. — *Oxon.* 1. d. 8. q. 1. seqq.

(2) De immutabilitate Dei pulchre et fuse agit Doctor *De rer. princip.* q. 3. *per tot.*

(3) De infinita Dei perfectione, ubi de infinitate.

(4) Vid. *De rer. princ.* q. 4, art. 2, sect. 1ª 2ª et 3ª.

quod non est, quod apparet, falsum est; ergo
est aliud sibi ratio apparendi, quia si sola
eius natura esset sibi ratio apparendi, ap-
pareret esse, quod est. Tibi nihil est ratio
apparendi, quia omnia apparent in tua essentia tibi primitus apparente, ac per hoc
nihil tibi posterius est ratio apparendi. —
In illa, inquam, essentia omne intelligibile,
sub perfectissima ratione intelligibilis, est
intellectui tuo praesens. Tu es igitur intelligibilis, praeclarissima veritas, et veritas
infallibilis, et veritatem omnium intelligibi-
lium certissime comprehendens. Tua essentia
est perfecta ratio cognoscendi quodcumque
cognoscibile, sub quacumque ratione cogno-
scibili.

Praeter praedicta de te a Philosophis
probata, saepe Catholici te laudant omnipo-
tentem, immensum, ubique praesentem, verum, iustum et misericordem, cunctis crea-
turis, et specialiter intelligibilibus providen-
tem; quae eo sunt Catholicis certiora, quo
non intellectui nostro caecutienti, et in pluribus vacillanti, sed tuae solidissimae veritati
firmiter innituntur (1).

Domine Deus noster, tu es unus natura-
liter; tu es unus numeraliter. Vere dixisti,

_____

(1) Ex cap. IV. n. 36. seqq.

quod extra te non est Deus; nam etsi sint dii multi nuncupative et putative, sed tu es unicus numeraliter, Deus verus, ex quo omnia, in quo omnia, per quem omnia; tu es benedictus in saecula saeculorum. Amen (1).

---

(1) Ib. n. 40. — Dei unitatem clarissime evincit Subtilis hic, c. IV. n. 38. — *De rer. princ.* q. 1, *per tot.* — *Oxon.* l. d. 2. q. 3.

DE MODIS SIGNIFICANDI

SIVE

GRAMMATICA SPECULATIVA

<hr>

PROOEMIUM AUCTORIS.

1. Methodi ratio. — Quoniam *quidem intelligere et scire contingit in omni scientia ex cognitione principiorum*, ut scribitur I. *Physicorum*, text. Comment. 1, (1) nos

_____

(1) Quod ut plenius intelligatur, iuvat ipsiusmet Subtilis Doctoris expositionem subiicere. Ait autem *Physic.* I, *expos. text.* 1.: « Aristoteles per *intelligere* et *scire* non intendit idem; quia per *intelligere* notat habitum conclusionis. Vel aliter exponitur, quod *intelligere* se habet in plus quam *scire:* universaliter *scire* dicit scientiam proprie dictam, quae sit per causas *a priori*, et non per effectus *a posteriori*. Per *principia, causas* et *elementa* intelligit diversa; nam per *principia* intelligit causas ef-

ergo, volentes habere scientiae Grammaticae notitiam, circa omnia eius principia, cuius-

---

ficientes et moventes; per *causas* intelligit causas finales; per *elementa* autem intelligit causas intrinsecas. Tunc vero arbitramur unumquodque cognoscere, cum causas primas et principia prima cognoscimus usque ad elementa ».

In secunda autem Magistri Sententiarum expositione, quae *Reportata Parisiensia* vulgo audit, *Prologi quaest.* 1. n. 4 seqq. haec ad rem habet:

« Extendendo *scientiam* ad *fidem*, quomodo loquitur Augustinus *XV de Trin.* c. 12: *Absit, ut scire nos negemus, quae testimonio didicimus aliorum;* nec restringendo scientiam, ut distinguitur contra *sapientiam*, quomodo Augustinus distinguit *XII de Trinitate*, cap. 15. quod *ad sapientiam pertinet aeternarum rerum cognitio intellectualis; ad scientiam vero temporalium rerum cognitio rationalis;* medio modo accipiendo *scientiam*, prout *scire*, 1. Posteriorum text. 5. definitur, dico quod, *scientia* est *cognitio certa veri demonstrabilis, necessarii, mediati, ex necessariis, prioribus demonstrati, quod natum est habere evidentiam ex necessario prius evidente, applicato ad ipsum per discursum syllogisticum. Prima* conditio, scilicet, quod est *cognitio certa*, excludens omnem *deceptionem, opinionem,* et *dubitationem*, convenit omni intellectuali virtuti, quia *virtus intellectualis* est *perfectio intellectus, disponens ipsum ad perfectam operationem;* et perfecta operatio intellectualis est cognitio veri *certa;* ideo omnis virtus intellectualis est habitus, quo *determinate* verum discimus; propter quod *opinio* et *suspicio*, quibus potest subesse *falsum*, non sunt virtutes intellectuales.

« *Secunda* conditio, scilicet, quod sit *veri necessarii*, sequitur ex prima, quia si *scientia* esset veri *contingen-*

modi sunt *Modi significandi,* per se primo oportet insistere. Sed antequam eorum inqui-

---

tis, posset sibi subesse falsum, propter mutationem obiecti, sicut *opinioni.* Si ergo *scientia* est essentialiter habitus cognoscitivus *verus;* ergo essentialiter non tantum includit relationem communem habitus ad obiectum, sed *specialem,* scilicet, *conformitatis* ad ipsum obiectum. Nunc autem, si obiectum non esset verum *necessarium,* posset habitus idem manens quandoque conformari illi obiecto, et quandoque non, propter mutationem illius obiecti; et tunc posset esse quandoque *verus,* quandoque *non verus.* Et hoc est quod dicit Philosophus *VII. Metaph.* text. 53, et *I. Post.* text. 21: *Corruptibilium non est demonstratio,* quia sicut non contingit scientiam quandoque esse ignotam, ita nec demonstrationem quandoque non esse demonstrationem; contingeret autem utrumque, si esset non necessarium, sed *contingens.*

« *Tertia* conditio, quod *natum est habere evidentiam ex necessario prius evidente,* est propria, distinguens *scientiam* ab intellectu *principiorum,* quia iste est veri habentis evidentiam *ex terminis,* ex I. *Posteriorum* text. comment. 21: *Principia cognoscimus inquantum terminos cognoscimus; scientia* est veri habentis evidentiam *ex principiis.*

« *Quarta* conditio est, quod sit *notitia evidentiae posterioris causata a priore per discursum syllogisticum;* et hoc est *imperfectionis,* nec est de per se ratione scientiae *secundum se,* sed tantum scientiae *imperfectae,* et non convenit *scientiae,* nisi in illo intellectu, cui convenit *discurrere,* et procedere *a noto ad ignotum.*

« *Ex hoc* sequitur *corollarium,* quod de nullo potest aliud sciri, nisi de quo possunt plures conceptus haberi, unus quidditativus, et alii quasi denominativi secundum

ratur notitia in *speciali*, praemittenda sunt
quaedam in *generali*, sine quibus plenarius
ipsorum intellectus haberi non potest.

---

ordinem quemdam habentes ipsum quidditativum conceptum. Unde tres primae conditiones consequuntur scientiam ex per se ratione subiecti et obiecti, de quo natae
sunt veritates necessariae esse in evidentia ordinata.
Quarta non ex ratione obiecti, sed ex comparatione ad
intellectum talem vel talem quem perficit. » Hucusque
ex *Reportatis*. In I. *Priorum* q. I. n. 7. haec debet:

« *Scientia* est *notitia necessaria veri dubitabilis, nata
fieri evidens per praemissas in forma syllogistica applicatas*. — Per hoc, quod dicitur *necessaria*, differt scientia a notitiis *falsis*, et etiam a *veris contingentibus*. —
Per hoc, quod dicitur *veri dubitabilis*, differt scientia a
principiis *per se evidentibus*, quae a cognoscentibus *quod
nominis* non possunt dubitari. — Ponitur ibi *nata
fieri* etc., quia non oportet quod *de facto* sit evidens
per praemissas applicatas in syllogismo, quia potest esse
evidens per *experientiam*, verbi gratia, ista conclusio,
Luna est eclipsabilis, potest esse evidens per experientiam,
quae tamen est *demonstrabilis*. — Deinde ponitur *per
praemissas in syllogismo applicatas*, ad differentiam quorumdam principiorum *naturalium*, ut quod *ignis est ca-
lidus*, vel huiusmodi; unde tale principium est notitia
necessaria dubitabilis, tamen ab inexperto in illa notitia
non dicitur *scientia*, eo quod non potest fieri evidens
per praemissas in forma syllogistica applicatas; imo solum potest fieri evidens per *experientiam* ». Et *I. Posteriorum Prol.* n. I. seqq.:

« *Scire autem opinamur unumquodque, cum causam rei cognoscimus, et quoniam illius est causa, et*

2. Notanda sex praemittuntur. — Quorum unum et *primum* est, quomodo modus signi-

---

quoniam impossibile est aliter se habere. Hanc propositionem descripsit Aristoteles *primo huius, cap. 2. text. 5.*

« In hac propositione duo notantur: primo *actus sciendi;* secundo *notificatio actus.* Primum ibi, *Scire;* secundum ibi, *cum causam arbitramur cognoscere,* etc.

« Circa *primum,* sciendum primo, quod *scire* dicitur *quatuor* modis, secundum Linconiensem : *uno* modo *communiter;* et sic sciuntur *contingentia ad utrumlibet,* sicut ego scio *te sedere.* — *Secundo* modo dicitur *scire proprie;* et sic sciuntur *contingentia nata.* — *Tertio* modo dicitur *scire magis proprie;* et sic sciuntur tam *principia,* quam *conclusiones,* et omnia necessaria. — *Quarto* modo dicitur *scire maxime proprie;* et sic sciuntur *necessaria, quorum esse dependet ab aliis;* et sic sciuntur *conclusiones* in demonstratione; et isto modo definitur hic *scire;* et ideo dicit Aristoteles *I. Post. cap. 2. text. 5. Scire simpliciter quod non est secundum accidens, nec sophistico modo.*

« Circa *secundum,* videlicet, circa *actus sciendi notificationem, tria* notantur ex parte *scientiae;* et *tria* necessaria ex parte *scibilis.* Ex parte *scientiae* requiritur, quod scientia sit *perfecta,* et quod sit *actualis,* et tertio quod sit *certa.* — Primum notatur, cum dicitur: *Quoniam arbitramur causam rei cognoscere;* perfectio enim scientiae est esse *per causam.* — *Actualitas* scientiae notatur cum dicitur: *Quoniam illius est causa;* applicatio enim causae ad effectum facit scientiam *actualem,* sicut patet ex *II Priorum c. 26;* dicit enim, quod *Scire est dupliciter: in universali, et in particulari;* in *universali,* quando scimus *maiorem,* non sciendo *minorem,* nec *conclusionem* sub *propria* ratione, sed in universali.

ficandi partiatur, et describatur. *Secundum*
est, a quo modus significandi radicaliter oria-
tur. *Tertium* est, a quo modus significandi
immediate sumatur. *Quartum* est, quomodo

Scire in particulari est dupliciter: in *actu* scilicet, et in
habitu. Scimus in *particulari*, et in *habitu*, ut quando
scitur *maior*, et etiam *minor*, sed non applicando ad
conclusionem, tunc non scitur *conclusio* in particulari,
et in *actu*, sed tantum in habitu. Scire autem in particulari,
et in *actu*, est quando aliquis cognoscit *maiorem* et *minorem*, et simul cum hoc *applicat* praemissas ad conclusionem. Sic igitur patet, quod *actualitas* scientiae est
ex applicatione causae ad effectum. — Tertio, requiritur,
quod scientia sit *certa;* et hoc notatur cum dicitur, *Quoniam impossibile est aliter se habere.* Sic igitur *tria* notantur ex parte *scientiae.*

  « Notantur etiam *tria* ex parte *scibilis* necessaria; ad
scitum enim requiritur, quod habeat *causam;* requiritur
etiam *applicatio causae ad effectum;* et tertio, quod *sit
necessarium respectu causae.* Primum notatur, cum dicitur: *causam rei arbitramur cognoscere;* illud enim
quod non habet causam non scitur scientia *quarto* modo
dicta, et ideo isto modo *principia* non *sciuntur.* — Sed
secundum notatur cum dicitur: *Quoniam illius est causa.*
— Tertium notatur cum dicitur: *Quoniam impossibile
est aliter se habere.* Illud enim est *necessarium*, quod
impossibile est aliter se habere. Et quod *conclusio scita*
sit *necessaria*, patet; quia sequitur ex necessariis, sicut
patet per primam conclusionem eius; similiter in conclusione prima huius dicit Aristoteles, *demonstrationem
esse perpetuam et necessariam.* — Vid. *Oxon.* III. d.
24. n. 13.

modus *significandi* a modo *intelligendi* et
a modo *essendi* distinguatur. *Quintum* est,
in quo modus significandi tanquam in subiecto inveniatur. *Sextum* est, qualem ordinem habeant ad invicem isti termini, *Si-*
gnum, Dictio, Pars orationis, et Termi-
nus (1).

CAPUT I.

Quomodo Modus significandi dividatur et describatur.

3. **Modus significandi duo importat. — Mo-**
dus significandi activus et passivus. — Circa
primum est sciendum, quod modus significandi duo importat aequivoce. Dicitur enim
de modo significandi activo et passivo. *Modus*
significandi activus est modus, sive proprietas vocis, ab intellectu sibi concessa, mediante
qua, vox proprietatem rei significat. — *Mo-*
dus significandi passivus est modus, sive
proprietas rei, prout est per vocem significata. Et quia significare et consignificare est
quodammodo (2) agere, et significari et con-

_____

(1) Quae omnia sex prioribus capitulis continentur.

(2) « *Significare* extensive sumitur pro *dare intel-*
ligere ». — *Super Praed.* q. 8. n. 7. Vel: « *Significare*

significari est quodammodo pati, inde est, quod modus vel proprietas vocis, mediante qua vox proprietatem rei active significat, modus significandi *activus* nominatur; modus vero, vel proprietas rei, prout per voces passive significatur, modus significandi *passivus* nuncupatur.

4. **Intellectus duplicem rationem voci tribuit.** — Iuxta quod notandum, quod cum intellectus vocem ad significandum, et consignificandum imponit, duplicem ei rationem tribuit, scilicet, rationem significandi, quae vocatur *significatio* (1), per quam efficitur signum (2), vel significans; et sic formaliter

---

est alicuius intellectum constituere; illud ergo significatur, cuius intellectus per vocem constituitur ». *Opus* I *sup.* I *Periherm.* q. 2. n. 2, q. 3. n. 2. — « *Significare* est aliquid intellectui repraesentare; quod ergo significatur ab intellectu concipitur ». *Elench.* q. 15. n. 6.

(1) « Significatio [*autem orationis*] non est *ratio formalis* causandi illum conceptum in audiente, sed est *quaedam dispositio praeambula*, ad quam per collationem intellectus sequitur causatio totius conceptus ex conceptibus per partes causatis ». — *Oxon.* IV. d. 8. q. 2. n. 14.

(2) « *Signum* est, secundum August., *de Doctr. Christiana*, *quod praeter notitiam quam ingerit sensibus, aliud facit in cognitionem venire.* Quod verum est non solum de signo *sensibili*, accipiendo *sensum stricte* pro sensu *corporali;* sed verum est etiam de sensu *incorpo-*

est *dictio*; et rationem consignificandi, quae vocatur *Modus significandi activus*, per

---

rali, accipiendo *sensum generaliter* pro *potentia cognitiva* ». — *Oxon.* IV. d. 6. q. 10. n. 5.

« *Signum* dicitur *respective* ad aliquod *signatum*, ut pater ad filium; et est etiam alicuius necessario ut *fundamenti*, sicut patet per eius definitionem, quam Magister assignat in littera: *Est*, inquit, *signum res aliqua, praeter speciem, quam ingerit sensibus, aliquid aliud ex se faciens in cognitionem venire.* Et cum signum haec duo importet, vel necessario requirat, scilicet *fundamentum* et *relationem*, ex hoc sequitur quod ex parte utriusque potest distingui. Ex parte autem *relationis*, quam importat *signum*, distinguitur *signum* primo in signum *naturale*, quod naturaliter significat, et importat relationem *realem* ad signata; tum etiam in signum *ad placitum* tantum, et non naturale, quod importat relationem *rationis*, ut sunt *voces*, et *nutus* Monachorum, quia ista possunt significare alia sicut ista, si placeret institutoribus etc.

« Alia est divisio signi, in signum, quod *semper habet suum signatum* secum, quantum est ex parte sui; et tale signum est *verum*, et *efficax*, sicut *eclipsis* est signum *efficax* interpositionis terrae inter Solem et Lunam; et ita est similiter de aliis signis naturalibus. — *Aliud* est signum, quod *non habet suum signatum secum*, cuiusmodi signum est *propositio*, quam proferimus, quia non est in potestate nostra quod tale signum, ut propositio, secum habeat rem, quam significat; et hoc signum non est semper *verum*, sed aliquando falsum.

« Tertia etiam est divisio signi in signum *rememorativum* respectu *praeteriti*, et in *prognosticum* respectu

quam vox significans fit consignum, vel con-
significans; et sic formaliter est *pars orationis;* ita quod pars est pars *secundum
se* per hanc rationem consignificandi, seu
modum significandi activum, tanquam per
principium formale; sed est pars *relata ad
aliam* per eamdem rationem consignificandi
activam, tanquam per principium efficiens
intrinsecum.

5. Ex hoc patet, quod rationes consignificandi active, seu modi significandi activi,
per se et *primo* ad Grammaticam pertinent,
tanquam principia considerata in Grammatica. Sed rationes consignificandi passivae, seu
modi significandi passivi, ad Grammaticam
non pertinent, nisi *per accidens,* quia non
sunt principium partis orationis, nec for-

---

futuri, et in signum *demonstrativum* respectu *praesentis ».* — *Report.* IV. d. 1. q. 2. n. 3.

« Quantum etiam ad suum *fundamentum,* potest *signum multipliciter* dividi. Potest enim hoc signum institui in *uno* sensibili *unius* sensus, ut in re *visibili,* aut
audibili, vel aliquo huiusmodi, sicut in suo *fundamento ;*
vel in *pluribus* sensibilibus *multorum* sensuum; vel in
multis sensibilibus *eiusdem* sensus; ut *oratio longa,* in
qua sunt multa sensibilia, et multae dictiones fundantes
istam relationem importatam per huiusmodi signum, potest signum institui in uno sensibili, vel pluribus, ut dictum est ». — *Ib.* n. 5.

male, nec efficiens, cum sint rerum proprietates, nisi quantum ad illud, quod est formale in eis, cum in hoc etiam forte a modis significandi activis non discrepent, ut infra patebit.

Caput II.

A quo Modus significandi radicaliter oriatur.

6. Omnis modus significandi activus est ab aliqua rei proprietate. — Circa *secundum* notandum, quod cum huiusmodi rationes, sive modi significandi activi non sint figmenta, oportet omnem modum significandi *activum* ab aliqua rei proprietate radicaliter oriri. Quod sic patet: quia cum intellectus vocem ad significandum sub aliquo modo significandi activo imponit, ad ipsam rei proprietatem aspicit, a qua modum significandi activum originaliter trahit; quia intellectus cum sit virtus passiva, de se indeterminata, ad actum determinatum non vadit, nisi aliunde determinetur. Unde cum imponit vocem ad significandum sub determinato modo significandi activo, a determinata rei proprietate necessario movetur; ergo cuilibet modo significandi activo correspondet aliqua proprietas rei, seu modus essendi rei.

7. **Objectio 1ª.** — Sed contra hoc obiicitur: quia haec vox significativa, scilicet *deitas*, habet foemininum genus, quod est modus significandi passivus; tamen in re significata sibi proprietas non correspondet, quia est proprietas patientis, a quo sumitur foemininum genus.

Obj. 2ª — Item, privationes et figmenta sub nullis proprietatibus cadunt, cum non sint entia; et tamen voces significativae privationum et figmentorum modos significandi activos habent, ut *caecitas, chimaera*, et similia.

8. **Solutio ad 1ᵃᵐ** — Dicendum, quod non oportet, quod semper modus significandi activus dictionis trahatur a proprietate rei illius dictionis, cuius est modus significandi; sed potest accipi a proprietate rei alterius dictionis, et rei illius dictionis tribui, et sufficit quod ipsi non repugnet; et quia Substantias separatas non intelligimus, nisi ex istis sensibilibus, ideo sub proprietatibus sensibilium eis nomina imponimus, et nominibus eorum modos significandi activos attribuimus. Unde licet in Deo, secundum veritatem, non sit proprietas passiva, tamen imaginamur ipsum tanquam patientem a nostris precibus.

Sol. ad 2ᵃᵐ — Similiter *privationes* intelligimus ex suis habitibus, sub proprietatibus habituum eis nomina imponimus, et nominibus eorum modos significandi activos attribuimus. Similiter in nominibus *figmentorum* sumuntur modi significandi activi ex proprietatibus partium, ex quibus imaginamur *chimaeram* componi, quam imaginamur *ex capite Leonis, cauda Draconis;* et sic de aliis.

9. **Instantia.** — Et si instetur: si modi significandi activi, in nominibus privationum, sumuntur a modis essendi habituum, tunc nomina essendi habitus, et non privationis designabunt; et hoc posito, nomina privationum per suos modos significandi activos erunt consignificative falsa.

Solutio. — Dicendum, quod non est verum; imo nomina privationum per suos modos significandi activos designant circa privationes modos intelligendi privationum, qui sunt eorum modi essendi. Iuxta quod sciendum, quod licet privationes non sint entia positiva *extra animam,* sunt tamen entia positiva *in anima,* ut patet *IV. Met. text. 9,* et sunt entia secundum animam; et quia eorum *intelligi* est eorum *esse,* ideo eorum modi intelligendi erunt eorum modi essendi (1).

_____

(1) Vid. Doctorem, *Oxon.* 1. d. 5. q. 2 n. 17. — d. 28. q. 1. n. 2. seqq. — III. d. 2. q. 3. n. 8. — *Report.*

Unde nomina privationum, per suos modos significandi activos, non erunt consignifica-tiva falsa, quia cum modi intelligendi privationum reducantur ad modos intelligendi habitus (nam privatio non cognoscitur nisi per habitum), ideo modi essendi privationum tandem ad modos essendi habitus reducuntur.

CAPUT III.

A quo Modus significandi immediate sumatur.

10. **Modus significandi et intelligendi duplex.** — Circa *tertium* notandum, quod modi significandi activi immediate a modis intelligendi passivis sumuntur. Iuxta quod sciendum est, quod, sicut duplex est modus *significandi*, scilicet *activus* et *passivus*, ita duplex est modus *intelligendi*, scilicet *activus et passivus. Modus intelligendi activus* est *ratio concipiendi, qua mediante, intellectus rei proprietates significat, concipit vel apprehendit.* — *Modus* autem *intelligendi passivus* est *proprietas rei, prout ab intellectu apprehensa.*

II. d. 12. q. 1. n. 7. — IV. d. 43. q. 5. n. 6. — *Super Praedic.* q. 38. n. 11. — *Exposit. in Metaph. Arist.* l. X. n. 55 et 80; et alibi passim.

11. A quibus proprietatibus sumantur Modi significandi activi. — Dicatur ergo, quod modi *significandi* activi sumuntur immediate a modis *intelligendi* passivis; quia modi significandi activi non sumuntur a modis essendi, nisi ut hi modi essendi ab intellectu apprehenduntur: modi autem essendi, prout ab intellectu apprehensi, dicuntur modi intelligendi passivi; ergo modi significandi activi sumuntur a modis essendi, mediantibus modis intelligendi passivis; et ideo immediate modi significandi activi a modis intelligendi passivis sumuntur (1).

Caput IV.

Quomodo Modus significandi a modo intelligendi et a modo essendi distinguatur.

12. In quo conveniant et in quo differant Modus essendi, intelligendi passivus et significandi passivus. — Circa *quartum*, notandum, quod modi *essendi*, et modi *intelligendi* passivi, et modi *significandi* passivi, sunt idem *materialiter* et *realiter*, sed differunt

---

(1) Vid. Doct. *Opus prim. super I. Periherm.* q. 2. — *Praedic.* q. 3, n. 4; et alibi.

formaliter (1); quia modus essendi est rei
proprietas *absolute ;* modus intelligendi passivus est ipsa proprietas rei, prout *ab intellectu apprehensa ;* modus significandi passivus est eiusdem rei proprietas, prout *per
vocem significatur.* Et sunt eadem materialiter et realiter, quia quod dicit modus
essendi absolute, dicit modus intelligendi passivus, prout refertur ad intellectum; et quod
dicit modus intelligendi passivus, dicit modus significandi passivus, prout refertur ad
vocem; ergo sunt eadem materialiter. — Sed
differunt *formaliter ;* quod sic patet: quia
qui dicit modum essendi, dicit proprietatem
rei absolute, sive sub ratione existentiae (2);
sed qui dicit modum intelligendi passivum,
dicit eamdem rei proprietatem, ut materiale,
et rationem intelligendi, sive concipiendi, ut
formale; sed qui dicit modum significandi
passivum, dicit eamdem rei proprietatem ut
materiale, et dicit rationem consignificandi,
ut formale. Et cum *alia* sit ratio *essendi,*
alia *intelligendi,* alia *significandi,* differunt
secundum *formales rationes.*

---

(1) Circa *distinctionem formalem,* in scholis cele-
berrimam, confer Doctorem, *Oxon.* l. d. 8. q. 4. — II.
d. 1. q. 4. — *Report.* ibid. et l. d. 45. q. 2.
(2) Alias *essentiae.*

Conveniunt autem realiter; nam modus essendi dicit absolute proprietatem rei;
et modus intelligendi passivus dicit proprietatem rei sub modo intelligendi; et modus
significandi passivus dicit proprietatem rei
sub ratione consignificandi. Sed *eadem* est
proprietas rei, ut absolute accipitur, et sub
modo intelligendi, et sub modo consignificandi.

13. In quo differant Modi essendi, intelligendi activus et significandi activus. — Item
sciendum, quod modus *essendi,* et modus
intelligendi activus, et modus *significandi
activus* differunt *formaliter* et *materialiter;* quia modus essendi dicit proprietatem
rei absolute, sive sub ratione existentiae
[*essentiae?*], ut dictum est supra; sed modus intelligendi activus dicit proprietatem
intellectus, quae est ratio intelligendi, sive
concipiendi; modus significandi activus dicit
proprietatem *vocis,* quae est ratio consignificandi: sed alia est proprietas rei ad extra
animam, et alia intellectus, et alia vocis; ita
alia est ratio essendi, alia intelligendi, alia
consignificandi; ergo modus essendi et modus intelligendi et modus significandi activus differunt in utroque.

14. In quo differant et in quo conveniant
Modi intelligendi activus et passivus. — Item

sciendum, quod modus intelligendi *activus*,
et modus intelligendi *passivus* differunt *materialiter*, et conveniunt *formaliter*. Nam
modus intelligendi passivus dicit rei proprietatem sub ratione intelligendi *passiva;* sed
modus intelligendi activus dicit proprietatem
intellectus, quae est ratio intelligendi *activa:*
sed eadem est ratio intelligendi, per quam
intellectus proprietatem rei intelligit active,
et per quam rei proprietas intelligitur passive; ergo proprietates sunt diversae, et
ratio est eadem; ergo *materialiter* differunt, et sunt *formaliter* idem.

15. In quo differant et in quo conveniant
Modi significandi activus et passivus. — Item
sciendum, quod modus significandi *activus*
et *passivus* differunt *materialiter*, et sunt
idem *formaliter;* quia modus significandi
passivus dicit proprietatem rei sub ratione
consignificandi *passiva;* sed modus significandi activus dicit proprietatem vocis, quae
est ratio consignificandi *activa:* sed eadem
est ratio, per quam vox est significans
active, et per quam proprietas rei significatur passive; ergo *materialiter* sunt differentes, sed sunt idem *formaliter.*

Caput V.

In quo Modus significandi tanquam in subiecto inveniatur.

16. **In quo inveniatur Modus significandi passivus.** — Circa *quintum* est notandum, quod modus significandi *passivus materialiter* est in re, ut in subiecto; quia materialiter est proprietas rei; rei autem proprietas est in eo, cuius est, ut in subiecto. *Formaliter* autem est in eo subiecto, in quo est modus significandi activus, quia formaliter a modo significandi activo non discrepat (1).

17. **In quo inveniatur Modus significandi activus.** — Modus autem significandi *activus*, cum sit proprietas vocis significativae, *materialiter* est in voce significativa, ut in subiecto; in proprietate autem rei sicut causatum in causa efficienti radicali et *remota*; et in intellectu sicut causatum in causa efficienti *proxima*; et in constructione ut causa efficiens in suo effectu proprio.

---

(1) Vid. n. 15.

CAPUT VI.

*Qualem ordinem habeant ad invicem isti
termini: Signum, Dictio, Pars orationis et Terminus.*

18. Signum, dictio, pars orationis, terminus.
— Circa dicta est notandum, quod *signum,
dictio, pars orationis et terminus* conveniunt, et differunt. Conveniunt enim *in subiecto*, et *in obiecto*; quia in eodem subiecto
reperiri possunt, sicut signum et signatum.
Differunt tamen penes *rationes*; quia dicitur *signum* per rationem signandi, vel re-
praesentandi aliquid *absolute*; sed dicitur
dictio formaliter per rationem signandi *voci
superadditam*, quia *dictio* est vox significativa; sed *pars orationis* formaliter est
per modum significandi activum, dictioni
superadditum, quia *pars orationis* est dictio, ut habet modum significandi activum.
Terminus vero dicit rationem terminandi
resolutiones Syllogismi, quia Dialecticus re-
solvit Syllogismum in Propositiones, et Propositiones in Subiectum et Praedicatum, quae
dicuntur *termini* secundum Logicum (1).

_____

(1) Vid. Opus nostrum, *Lexicon Scotisticum*, Distinct.
v. *Propositio - Syllogismus - Terminus.*

19. Vox. — Item sciendum est, quod *vox*, inquantum *vox*, non consideratur a Grammatico, sed inquantum *signum*, quia Grammatica est *de signis rerum;* et quia *vox* est habilissimum signum inter alia signa, ideo *vox* inquantum *signum* prius consideratur a Grammatico, quam alia signa rerum. Sed quia esse signum accidit voci, ideo Grammaticus considerans vocem, considerat eam *per accidens* (1).

(1) « Voces sunt notae earum passionum, quae sunt in anima ». *De Anima*, q. 22. n. 5. — « Dicit Boetius, quod voces significativae *uno modo* considerantur ut imponuntur ad significandum: *secundo modo*, ut eis significantibus insunt proprietates causatae ab intellectu. *Primo* modo considerantur in Logica: *secundo* modo in Grammatica ». — *Super Praedic.* q. 4. n. 5. — « In termino sunt duo: *vox* et *significatum*. Vox repraesentatur sensui: significatum intellectui; vox enim est signum, et signum se offert sensui, aliud derelinquens intellectui ». — *Post.* l. q. 4. n. 4.

« Licet magna altercatio fiat de *voce*, utrum sit signum *rei* vel *conceptus*, tamen breviter concedendo, quod illud quod significatur per vocem proprie est res, sunt tamen signa multa ordinata eiusdem significati: *littera, vox* et *conceptus* ». — *Oxon.* l. d. 27. q. 3. n. 19. — (Cf. Doct. *Op. prim. super I Periherm.* q. 2. ubi late hanc discutit quaestionem). Notandum autem, quod « *passiones* (*seu conceptus*) inquantum sunt *signa*, et *res* inquantum sunt *significata*, sunt eaedem apud omnes; nam eadem passio in anima apud quoscumque

Caput VII.

De Modis significandi activis in speciali.

20. Modus essentialis — accidentalis. — His visis, dicendum est de modis significandi

---

concipientes repraesentat eamdem rem, quia eadem simili-tudo in anima semper est eiusdem repraesentativa, sicut est similitudo sensibilis in sensu litterae; et *voces,* in se eaedem, non sunt eaedem apud omnes, inquantum sunt *signa,* quia nec eadem littera apud omnes repraesentat eamdem vocem, sed vel aliam, vel nullam; nec eadem vox apud omnes significat eamdem passionem, sed vel aliam, vel nullam.

« Ex hoc patet, res et passiones esse signa *natura-liter,* quia apud omnes uniformiter significant, et signi-ficantur; et quod est a natura est idem apud omnes; *littera* autem et *vox* non sunt signa *a natura,* quia non sunt eaedem apud omnes, inquantum significant, aut si-gnificantur ». *Super Periherm.* ib. q. 4. n. 2.

« Impositio ad significandum nullam qualitatem voci tribuit, nec aliquam intentionem, nec aliquem conceptum. Unde nihil valet quod dicunt aliqui, quod vox significa-tiva continet in se conceptum rei, quem causat in animo audientis. Si hoc esset verum, tunc vox significativa au-dita movere posset intellectum audientis, secundum illam intentionem, inquantum scilicet est sic significativa; et tunc vox latina significativa moveret intellectum Graeci audientis eam ad conceptum quem exprimit, quod fal-sum est. Unde per hoc, quod est *significativa,* nulla

activis in *speciali*. Iuxta quod notandum
est, quod modus significandi *activus*, qui

---

qualitas sibi imprimitur, nec aliquem conceptum in se
continet.

« Ideo dico, quod vox significativa solum est signum rememorativum *ad placitum*. Unde vox tantum
immutat sensum auditus, nec habet causare in sensu,
vel in phantasia, vel in intellectu, nisi conceptum vocis
ex se; auditu tamen immutato a voce significativa, im-
mutatur phantasia et memoria, et memoratur rei, cui
tale nomen fuit impositum; et sic excitat intellectum ad
considerationem illius rei, cuius prius habuit notitiam.
Aliter enim nihil moveret, nisi res, cui imponitur, prius
fuerit sibi nota, et quod ad rem illam significandam im-
ponebatur, et sic reducit intellectum ad *actualem* intellectionem rei prius notae habitualiter ». — *Oxon*. II. d.
42. n. 17.

« Sed formare voces articulatas est actus potentiae
motivae, licet non possit elici, nisi praecedente actu ima-
ginationis vel intellectus; ergo sermo est in potestate vo-
luntatis, si lingua non sit impedita, sed disposita ad motum ». — Ib. n. 16.

« Sed quod vox non statim formetur ab intelligente
inquantum intelligens, sed per aliquam potentiam me-
diam, puta motivam, hoc est imperfectionis in intellectu.
Si igitur statim gigneretur vel formaretur, ut expressi-
vum illius quod latet in intellectu, et hoc virtute intellectus intelligentis, non minus esset verbum ». — Ib. I.
d. 27. q. 3. n. 14.

Quoad distinctionem vocum, notandum quod « in
nominibus significativis haec vox *homo* (ex. gr.) quotiescumque prolata dicitur *una* vox *numero*, et distingui
ab hac voce *lapis* numero; cum tamen non possit eadem

est principium in Grammatica, dividitur in modum significandi *essentialem* et *accidentalem*. Modus significandi *essentialis* est, *per quem pars orationis habet simpliciter esse, vel secundum genus, vel secundum speciem.* — Modus significandi *accidentalis* est, *qui advenit parti post eius esse completum, non dans esse simpliciter parti, nec secundum genus, nec secundum speciem.*

21. Modi essentialis subdivisio. — Modus significandi essentialis subdividitur in modum significandi essentialem *generalissimum, subalternum,* et *specialissimum.* Modus significandi essentialis *generalissimus* est, *qui est de essentia partis orationis et cuiuslibet suppositi sub se contenti.* — Modus significandi essentialis *specialissimus* est, *qui est de essentia quorumdam suppositorum illius partis.* — Modus significandi essentialis *subalternus* est, *qui*

---

vox numero bis proferri, ita quod quot sunt prolationes, tot sunt voces distinctae numero; et haec vox *homo,* et haec vos *lapis* non tantum numero, sed etiam *specie* distinguuntur; tamen quia ad finem vocis, scilicet ad exprimendum conceptum per aequivalentiam, sunt idem numero *homo* et *homo, lapis* et *lapis,* quotiescumque prolata, ideo dicuntur esse *una* vox numero respectu illius finis ». — Ib. II. d. 2. q. 6. n. 9.

*est de essentia suppositorum illius partis,
nec generalissime, nec specialissime, sed
medio modo se habens.*

Et possumus imaginari in istis modis
significandi essentialibus coordinationem similem coordinationi praedicamentali. Nam
sicut in linea praedicamentali est dare genus *generalissimum,* cuius praedicatio generalissime se extendit ad omnia, quae sunt
illius coordinationis; et *specialissimum,* cuius praedicatio specialissime se extendit ad
res illius coordinationis; et *subalternum,*
cuius praedicatio medio modo se habet (1);
sic est in istis modis significandi essentialibus.
Est enim dare quemdam modum *generalissimum,* cuius natura generalissime participatur ab omnibus suppositis illius partis;
et modum *specialissimum,* cuius natura specialissime et parcissime participatur a suppositis illius partis; et quemdam *subalternum,* cuius natura medio modo participatur.

22. **Modi significandi accidentales, absolutus et respectivus.** — Item modus significandi
accidentalis dividitur in modum significandi
accidentalem *absolutum* et *respectivum.*
Modus significandi accidentalis *absolutus* di-

---

(1) Vid. *Lexicon Scotisticum,* Distinct. v. *Genus-
Praedicamenta,* etc.

citur ille, *per quem unum constructibile non habet respectum ad alterum, sed solum ad rei proprietatem.* — Modus significandi accidentalis *respectivus* est, *per quem unum constructibile habet respectum non solum ad rei proprietatem, sed etiam per quem unum constructibile habet respectum ad alterum;* et hoc dupliciter: vel tanquam ad ipsum *dependens,* vel tanquam ad eius dependentiam *terminans.*

De his ergo modis omnibus videamus; et *primo* prout sunt principium formale partis orationis *absolute,* secundum quem modum pertinent ad Etymologiam: *deinde* prout sunt principium intrinsecum *constructionis unius partis cum alia,* secundum quem pertinent ad Diasyntheticam.

Determinantes autem de his prout sunt forma partis, *primo* videamus de modo significandi *Nominis,* secundo de modo significandi *Pronominis;* et sic de caeteris secundum ordinem Donati (1).

---

(1) De quibus agitur usque ad cap. XLIV.

Caput VIII.

De Modo significandi essentiali generalissimo Nominis.

23. **Modus significandi essentialis generalissimus Nominis.** — Modus significandi *essentialis generalissimus Nominis* est modus significandi per modum *entis*, et *determinatae apprehensionis*. Iuxta quod notandum est, quod licet uterque istorum modorum significandi sit forma Nominis absolute sumpti, tamen comparando Nomen ad alias partes orationis, modus *entis* habet rationem materiae, quae est facere *convenire*, facit enim Nomen convenire cum Pronomine; sed modus *determinatae apprehensionis* habet rationem formae, quia facit Nomen ab aliis partibus orationis *differre*; et ideo copulando hos modos significandi ad invicem, ex utroque unus resultat modus per viam compositionis.

24. **Modus entis — Modus esse.** — Et ut sciamus, a qua rei proprietate iste modus significandi sumatur, notandum est, quod in rebus invenimus quasdam proprietates communissimas, sive modos essendi communissimos, scilicet *modum entis*, et *modum esse*. *Modus entis* est modus habitus et permanen-

tis, rei inhaerens, ex hoc quod habet *esse.*
Modus esse est modus fluxus et successionis,
rei inhaerens, ex hoc quod habet *fieri* (1).

Tunc dico, quod modus significandi activus per modum *entis,* qui est modus generalissimus Nominis, trahitur a modo essendi
entis, qui est modus *habitus* et *permanentis.* Sed modus significandi activus per modum *esse,* qui est modus essentialis generalissimus Verbi, trahitur a modo essendi ipsius
esse, qui est modus *fluxus* et *successionis,* ut postea patebit (2).

Ad hanc intentionem Commentator *IV.
Phys. cap. 14,* dicit quod duo sunt modi
principaliter entium, scilicet *modus entis,* et
modus esse, a quibus sumpserunt Grammatici duas partes orationis principales, scilicet
Nomen et *Verbum.* Sub Nomine comprehen-
ditur Pronomen, sub Verbo Participium.

Item modus *determinatae apprehensionis* accipitur a proprietate formae, et qualitatis, quae est proprietas *determinantis,*
quoniam forma determinat et distinguit.

25. Nomen. — Hos modos significandi
expresserunt Grammatici antiqui in defini-

_____

(1) Vid. *Lexicon Scotisticum* Distinct. v. *Ens no
men - participium - Verbum.*
(2) Cap. XXV.

tione Nominis, cum dixerunt, Nomen *significare substantiam cum qualitate,* dantes intelligere per *significare substantiam,* modum substantiae, qui est modus *entis* sumptus a proprietate rei, quae est proprietas habitus et permanentis, quae primo et principaliter in substantia reperitur (1); per *qualitatem* vero, modum qualitatis, qui est modus *determiminatae apprehensionis,* sumptus a proprietate formae et qualitatis, qui est modus determinationis (2). *Nomen* ergo est *pars orationis significans per modum entis, vel determinatae apprehensionis.*

26. Obiectio. — Et si dicat aliquis: multa sunt nomina, quae privationes significant, ut *nihil, caecitas,* et huiusmodi; cum ergo omnes privationes et negationes non sint entia, videtur quod sub proprietate stare non possint, et ideo modus significandi activus per modum entis in talibus a proprietate rei significatae oriri non potest.

Solutio. — Dicendum, ut dictum est prius (3), quod licet privationes et negationes non sint entia positiva extra animam posita; sunt tamen entia positiva secundum animam,

---

(1) Vid. ib. Distinct. v. *Substantia.*
(2) Vid. ib. v. *Qualitas.*
(3) Num. 8.

ut patet ex intentione Philosophi *IV Met.
text. 9,* ubi dicit quod *opiniones contradi-
ctoriorum sunt contrariae,* hoc est, duo
contradictoria extra animam sunt duo contraria secundum animam; et quia privationes et negationes et figmenta sunt entia
secundum animam, ideo cadunt sub proprietate entis, quae est proprietas habitus et
permanentis; a qua proprietate trahitur modus significandi generalissimus Nominis.

CAPUT IX.

*De Modis significandi essentialibus
subalternis generalibus Nominis.*

27. — Sub hoc autem modo essentiali
generalissimo Nominis ad modos significandi *subalternos* descendamus. Sunt autem
duo modi significandi, qui immediate sub
hoc modo continentur, scilicet modus *communis,* et modus *appropriati;* qui sunt
modi speciales respectu generalissimi, et sunt
generales respectu aliorum modorum, de
quibus postea determinabitur.

28. Modus significandi per modum communis. — Modus significandi per modum
communis sumitur a proprietate rei, quae
est proprietas *divisibilis in plura suppo-*

sita, vel communicabilis pluribus suppositis,
a qua proprietate, secundum Logicum, sumitur intentio *universalis* (1); et hic modus
constituit Nomen *commune* et *appellativum;*
et hunc modum vocat Donatus *appellativam
qualitatem.* Nomen ergo *commune* vel *appellativum* significat *per modum communicabilis pluribus suppositis,* ut *urbs, flumen* etc.

29. **Modus significandi per modum appropriati.** — Modus significandi per modum
appropriati sumitur a proprietate rei, quae
est proprietas *indivisibilis per plura supposita,* a quo etiam sumitur apud Logicum intentio *individuationis* (2); et hic modus facit
Nomen *proprium;* et hunc modum Donatus
vocat *propriam qualitatem.* Nomen ergo
proprium significat rem *per modum indivisibilis per plura supposita, ut sub proprietatibus individuationis, quae sunt esse
in loco determinato, vel in tempore determinato,* ut *hic, nunc, Romae, Bononiae* (3).

---

(1) Vid. *Lexicon. Scot.* Distinct. v. *Universale,* etc..

(2) Vid. ib. v. *Individuatio - Individuum,* etc.

(3) « Nomen quodcumque aliquid significans quod
huic soli potest inesse, potest dici *proprium* nomen
huic; sed simpliciter *nomen proprium* huius non est
nisi quod primo significat *hoc* sub ratione *propria,* quia
solum illud est proprium signum vocale huius ». — *Oxon.*
l. d. 22. q. 2. n. 7.

Caput X.

De Modis significandi subalternis minus generalibus Nominis communis.

30. Deinde, sub his modis descendamus ad alios modos significandi subalternos *minus generales* istis; et primo sub modo significandi per modum *communis;* secundo sub modo significandi per modum *appropriati.*

31. **Modus per se stantis.** — Circa primum notandum, quod modus significandi per modum *communis* habet duos modos sub se, qui sunt minus generales eo, scilicet modum *per se stantis,* et modum *adiacentis.* Modus significandi per modum *per se stantis* sumitur a proprietate rei, quae est proprietas *essentiae determinatae.* Sicut enim modus significandi *generalissimus* Nominis sumitur a proprietate essentiae *absolutae,* sic modus significandi per modum *per se stantis* sumitur a proprietate ipsius essentiae *determinatae;* et hic modus constituit Nomen *substantivum.* Nomen ergo *substantivum* significat *per modum determinati secundum essentiam,* ut *albedo, lapis,* etc.

32. **Modus adiacentis.** — Modus significandi per modum *adiacentis* sumitur a pro-

prietate rei, quae est proprietas *alteri adhaerentis secundum esse*. Sicut enim modus *generalissimus Verbi* sumitur a proprietate ipsius esse *absolute*, ut postea patebit (1), sic modus *adiacentis* in Nomine sumitur a proprietate ipsius esse *inhaerentis alteri secundum esse*; et hic modus constituit Nomen *adiectivum*. Nomen ergo *adiectivum* significat *per modum inhaerentis alteri secundum esse*, ut *albus, lapideus*, etc. (2).

33. Obiectio. — Et si instetur: nomina differentiarum in genere substantiae, sicut *corporeum*, et *animatum, sensibile, rationale, adiectiva* quidem sunt, congrue enim substantivis adiunguntur, dicendo *corpus animatum, animal rationale*; et tamen non significant per modum *inhaerentis* alteri secundum esse, quia significant substantiam, quae secundum esse alteri non inhaeret.

_____

(1) Cap. XXV.

(2) « Adiectivum *formaliter* significat formam ut forma est eius de quo dicitur; propter istam proprietatem adiectivum non potest praedicari, nisi *praedicatione formali*. — *Quodlib.* q. 5. n. 6. — Adiectiva *(itaque)* si praedicantur, de necessitate *formaliter* praedicantur, et hoc quia sunt adiectiva. Nam ex hoc quod sunt adiectiva significant formam per modum informantis, de quo videlicet formaliter dicuntur. Talia sunt non tantum nomina adiectiva, sed omnia participia et verba ». — *Oxon.* l. d. 5. q. 1. n. 7.

3

Solutio. — Dicendum, quod huiusmodi nomina sunt *substantiva*, quia significant substantiam. Et probatur: nam idem significat *rationale* quôd *homo*, et *animatum* quod *animal*. — Et cum dicitur, quod congrue cum substantivis coniunguntur, dicendo *animal rationale*, *corpus animatum*; dicendum, quod ibi est constructio appositoria, et est incongrua de se; tamen per appositionem admissiva, hoc est, propter specificationem specificandam.

Caput XI.

De Modis specialissimis, qui continentur sub modo « per se stantis ».

34. **Quinque modi significandi per se stantis.** — Ulterius, sub modo *per se stantis*, et *alteri adiacentis*, ad modos *specialissimos* descendamus; et primo sub modo *per se stantis*, et deinde sub modo *adiacentis*.

Modus significandi per modum *per se stantis* continet sub se quinque modos Nominis specialissimos.

Primus. — Quorum *primus* est modus significandi per modum *generalis*, sumptus a proprietate rei communicabilis pluribus *specie differentibus*; sicut enim a proprietate rei, quae est communicabilis pluribus *absolute*, sumitur modus significandi per modum *communis absolute*, sic ab eadem proprietate strictius sumpta, scilicet a proprietate *communicabili pluribus specie differentibus*, sumitur modus *generalis*. Ab hac autem proprietate apud Logicum sumitur secunda intentio *generis* (1); et sic iste modus constituit Nomen substantivum *generale*, ut *animal, color*, et sic de aliis generibus. Nomen ergo substantivum *generale* est, *quod significat per modum communicabilis pluribus, non solum numero, sed specie differentibus*.

Secundus. — *Secundus* modus *per se stantis* est modus significandi per modum *specificabilis*, sumptus a proprietate rei, quae est proprietas communicabilis pluribus, non *absolute*, sed solum *numero differentibus*.

Tertius. — *Tertius* modus *per se stantis* est modus significandi per modum *de descendentis ab altero*, ut ab avo, vel a patre; et hic modus constituit nomen substantivum *patronymicum*, ut *Priamides*. Et quia nomen patronymicum a propriis nominibus patrum vel avorum derivatur, ideo merito *patronymicum* nomen nuncu-

---

(1) Vid. *Lexicon Scotisticum*, Distinct. v. *Genus*.

patur. Nomen ergo *patronymicum* est, *quod a propriis nominibus patrum vel avorum derivatur, significans per modum descendentis ab altero,* ut *a patre vel avo.*

Quartus. — *Quartus* modus *per se stantis* est modus significandi per modum *diminuti ab alio,* sumptus a proprietate diminutionis in re; et hic modus constituit Nomen substantivum *diminutivum,* ut *flosculus, lapillus.* Nomen ergo substantivum *diminutivum* est, *quod a voce primitiva derivatur, significans per modum diminuti ab altero.*

Quintus. — *Quintus* modus *per se stantis* est modus significandi per modum *collectionis* plurium in uno loco, sumptus a proprietate *collectionis* in re; et hic modus constituit Nomen substantivum *collectivum,* ut *populus, gens, turba.* Nomen ergo substantivum *collectivum* est, *quod significat per modum collectionis plurium, secundum unum locum.*

CAPUT XII.

De Modis specialissimis qui continentur sub modo adiacentis.

35. 24 Modi specialissimi adiacentis. — Deinde sub modo *adiacentis* alteri ad mo-

dos *specialissimos* descendamus, qui continet sub se viginti quatuor modos.

Adiectivum denominativum. — Quorum
primus est modus significandi per modum
adiacentis alteri, seu denominantis ipsum
simpliciter et *absolute,* speciali ratione non
superaddita; et hic modus constituit nomen
adiectivum *denominativum,* ut *albus, niger,*
croceus. Nomen ergo adiectivum *denomi-*
nativum significat *per modum adiacentis*
alteri, sive denominantis alterum simpli-
citer et absolute (1). Et iste modus est gene-
ralior omnibus modis sequentibus, qui dicuntur modi adiacentis alteri, sive denominantis alterum, *superaddita ratione speciali,*
ut postea patebit.

36. Adiectivum generale. — *Secundus*
modus *adiacentis* est modus significandi per
modum denominantis alterum, sub ratione
communicabilis pluribus specie differen-
tibus; et iste modus constituit nomen ad-

---

(1) « *Denominativa* dicuntur quaecumque ab aliquo
solo *casu* differentia habent *denominationem* ». — *Super*
Univers. q. 16. n. 3. — « *Denominativa* proprie dicuntur quae differunt *cadentia* ab alio. *Casus* autem iste
potest esse vel sicut *accidentis ad subiectum,* vel sicut
formae ad suppositum eiusdem naturae. » — *Oxon.* II.
d. 12. q. 1. n. 18. — Cf. *Oxon.* I. d. 8. q, 3. n. 14. —
II. d. 13. n. 8.

iectivum *generale*, significans sub ratione communicabilis pluribus *specie differentibus*, ut *coloratus*. Nomen ergo adiectivum *generale* est, *quod significat per modum denominantis sub ratione communicabilis pluribus specie differentibus*.

37. **Adiectivum speciale.** — *Tertius* modus *adiacentis* est modus significandi per modum denominantis alterum sub ratione communicabilis pluribus *solo numero differentibus*; et hic modus constituit nomen adiectivum *speciale*, ut *humanus, albus, niger*. Nomen ergo *adiectivum speciale significat per modum denominantis alterum sub ratione communicabilis pluribus solo numero differentibus*.

Nec prohibet aliquid, eadem nomina sub diversis speciebus Nominis collocari, propter modos significandi differentes. Nam si considerentur in his nominibus *albus, humanus, coloratus*, et huiusmodi, modi significandi denominantis alterum simpliciter, ratione speciali non superaddita, sic sunt sub nomine adiectivo *denominativo*. Si autem considerentur secundum quod eis competit modus significandi alterum, sub ratione communicabilis pluribus, specie vel numero differentibus, sic sunt sub nomine adiectivo *generali*, vel *speciali*.

38. **Adiectivum possessivum.** — *Quartus* modus *adiacentis* est modus significandi per modum denominantis alterum sub ratione *possidentis ipsum;* et hic modus constituit nomen· adiectivum *possessivum,* ut *aureus, lapideus.* Nomen ergo *adiectivum possessivum* est, *quod significat per modum denominantis alterum sub ratione possidentis ipsum.*

39. **Adiectivum diminutivum.** — *Quintus* modus *adiacentis* est modus significandi per modum denominantis alterum sub ratione *diminuti ab alio;* et hic modus constituit nomen adiectivum *diminutivum,* ut *novellus, parvulus.* Nomen ergo *adiectivum diminutivum* est, *quod significat per modum denominantis alterum sub ratione diminuti ab alio.*

40. **Adiectivum collectivum.** — *Sextus* modus *adiacentis* est modus significandi per modum denominantis alterum sub ratione *collectionis* plurium suppositorum secundum locum; et hic modus constituit nomen adiectivum *collectivum,* ut *gentilis, urbanus, popularis.* Nomen ergo *adiectivum collectivum* est, *quod significat per modum denominantis alterum sub ratione collectionis plurium suppositorum secundum locum.*

41. Adiectivum divisivum. — *Septimus* modus *adiacentis* est modus significandi per modum denominantis alterum sub ratione *dividentis* ipsum in partes; et hic modus constituit nomen adiectivum *divisivum,* ut *omnis, totus.* Nomen ergo *adiectivum divisivum* est, *quod significat per modum denominantis alterum sub ratione dividentis ipsum in partes.*

42. Adiectivum gentile. — *Octavus* modus *adiacentis* est modus significandi per modum denominantis alterum sub ratione *gentis,* vel *patriae;* et hic modus constituit nomen adiectivum *gentile,* ut *Graecus, Italus, Barbarus.* Nomen ergo *adiectivum gentile* est, *quod significat per modum denominantis alterum sub ratione gentis, vel patriae.*

43. Adiectivum patrium. — *Nonus* modus *adiacentis* est modus significandi per modum denominantis alterum sub ratione *civitatis,* vel *oppidi;* et hic modus constituit nomen adiectivum *patrium,* ut *Paduanus, Bononiensis, Parisiensis.* Nomen ergo *adiectivum patrium* est, *quod derivatur a propriis nominibus civitatum, vel oppidorum, significans per modum denominantis alterum sub ratione civitatis, vel oppidi.*

44. **Adiectivum interrogativum.** — *Decimus* modus *adiacentis* est modus significandi per modum denominantis alterum sub ratione *interrogationis* de ipso; et hic modus constituit nomen adiectivum *interrogativum*, ut *quis, qualis, quantus.* Nomen ergo *adiectivum interrogativum* est, *quod significat per modum denominantis alterum sub ratione interrogationis de ipso.*

45. **Adiectivum responsivum.** — *Undecimus* modus *adiacentis* est modus significandi per modum denominantis alterum sub ratione *respondentis* ad interrogativum; et hic modus constituit nomen adiectivum *responsivum*, ut *tot, talis, tantus.* Nomen ergo *adiectivum responsivum* est, *quod significat per modum denominantis alterum sub ratione responsionis de ipso.*

46. **Adiectivum infinitum.** — *Duodecimus* modus *adiacentis* est modus significandi per modum denominantis alterum *indeterminate* et indefinitive; et hic modus constituit nomen adiectivum *infinitum*, ut *quicumque, qualiscumque.* Nomen ergo *adiectivum infinitum* est, *quod significat per modum denominantis alterum sub ratione infinitatis, et indeterminationis.*

47. **Adiectivum negativum.** — *Decimus tertius* modus *adiacentis* est modus signifi-

candi per modum denominantis alterum, sub
ratione *negantis* ipsum; et hic modus constituit nomen adiectivum *negativum*, ut *nullum,
nemo*. Nomen ergo *adiectivum negativum
est, quod significat per modum denominantis, alterum sub ratione negantis ipsum*.

48. **Adiectivum demonstrativum.** — *Decimus quartus* modus *adiacentis* est modus significandi per modum denominantis
alterum sub ratione *demonstrantis* ipsum;
et hic modus constituit nomen adiectivum
demonstrativum. Nomen ergo *adiectivum
demonstrativum* est, *quod significat per
modum denominantis alterum sub ratione
demonstrantis ipsum*.

49. **Adiectivum relativum.** — *Decimus
quintus* modus *adiacentis* est modus significandi per modum denominantis alterum
stans sub prima notitia, referendo et reiterando ipsum sub secunda notitia; et hic modus constituit nomen relativum, ut *qui, qualis, quantus*. Nomen ergo *adiectivum relativum* est, *quod significat per modum denominantis alterum stans sub prima notitia, referendo et reiterando ipsum sub
secunda notitia*.

50. **Adiectivum positivum.** — *Decimus
sextus* modus *adiacentis* est modus significandi per modum denominantis alterum sim-

pliciter, *sine excessu in termino;* et hic modus constituit nomen adiectivum *positivum,*
ut *albus, niger.* Nomen ergo *adiectivum*
positivum est, *quod significat per modum*
adiacentis alteri, vel denominantis alterum
simpliciter, sine excessu in termino.

51. Adiectivum comparativum. *— Deci-*
mus septimus modus *adiacentis* est modus
significandi per modum denominantis alterum sub ratione *comparantis* ipsum, secundum excessum citra terminum; et iste
modus constituit nomen adiectivum *compa-*
rativum, ut *albior, nigrior.* Nomen ergo
adiectivum comparativum est, *quod signi-*
ficat per modum adiacentis alteri, vel de-
nominantis alterum, sub ratione compa-
rantis cum excessu citra terminum.

52. Adiectivum superlativum. *— Decimus*
octavus modus *adiacentis* est modus significandi per modum denominantis alterum sub
ratione comparantis ipsum *secundum exces-*
sum in termino; et hic modus constituit nomen adiectivum *superlativum,* ut *albissi-*
mus. Nomen ergo *adiectivum superlativum*
est, *quod significat per modum denomi-*
nantis alterum sub ratione comparantis
ipsum, secundum excessum in termino.

53. Adiectivum ad aliquid. *— Decimus*
nonus modus *adiacentis* est modus signifi-

candi per modum determinantis alterum
sub ratione *referentis* ipsum ad terminum;
et hic modus constituit nomen adiectivum
ad aliquid, secundum Logicum nuncupa-
tum, ut *pater, filius, aequalis, similis*, et
similia, quae relationem important in concreto. Nomen ergo *adiectivum ad aliquid
dictum* est, *quod significat per modum
denominantis alterum sub ratione referentis ipsum ad terminum* (1).

54. Adiectivum verbale. — *Vigesimus*
modus *adiacentis* est modus significandi per
modum determinantis alterum sub ratione
actus in habitum transmutati; et hic modus constituit nomen adiectivum *verbale*,
ut *amabilis, amandus*. Nomen ergo *adiectivum verbale* est, *quod descendit a voce
Verbi, significans per modum denominantis alterum sub ratione actus transmutati
in habitum* (2). Et notandum, quod Nomen
adiectivum *participale*, ut *amans*, et huiusmodi sub voce participii, eumdem modum
significandi activum habet; et ideo specifice
a nomine verbali discrepare non potest, et
ideo sub divisione generali collocatur.

---

(1) Vid. *Lexicon Scotist.* Distinctiones v. *Relatio.*
(2) Vid. ib. v. *Verbum.*

55. Adiectivum temporale. — *Vigesimus primus* modus *adiacentis* est modus significandi per modum denominantis alterum sub ratione *temporis;* et hic modus constituit nomen adiectivum *temporale,* ut *diurnus, nocturnus, annuus.* Nomen ergo *adiectivum temporale est, quod significat per modum denominantis alterum sub ratione temporis* (1). Et quia quaedam huiusmodi nomina ab Adverbiis secundum vocem derivantur, ut *hodiernus, crastinus,* ideo *adverbialia* nuncupantur.

56. Adiectivum locale. — *Vigesimus secundus* modus *adiacentis* est modus significandi per modum denominantis alterum sub ratione *loci;* et hic modus constituit nomen adiectivum *locale,* ut *vicinus, propinquus, proximus.* Nomen ergo *adiectivum locale est, quod significat per modum denominantis alterum sub ratione loci* (2).

57. Adiectivum numerale. — *Vigesimus tertius* modus *adiacentis* est modus significandi per modum denominantis alterum sub ratione *numeri;* et hic modus constituit nomen adiectivum *numerale,* ut *unus, duo, binarius, ternarius.* Nomen ergo *ad-*

---

(1) Vid. *Lexicon Scotist.* Distinction. v. *Tempus.*
(2) Vid. ib. v. *Locus.*

iectivum numerale est, *quod significat per modum denominantis alterum sub ratione numeri* (1).

58. Adiectivum ordinale. — *Vigesimus quartus* modus *adiacentis* est modus significandi per modum denominantis alterum sub ratione *ordinis*; et hic modus constituit nomen adiectivum *ordinale*, ut *primus, secundus, tertius.* Nomen ergo *adiectivum ordinale* est, *quod significat per modum denominantis alterum sub ratione ordinis* (2).

Et sic patent modi significandi *communis per se stantis*, et *adiacentis*, qui sunt, et quot sunt. Si autem sunt alii modi significandi per modum *communis per se stantis et adiacentis* ab his diversi, qui tamen sint magis usitati, sunt hi primitus recitati.

Caput XIII.

De modis specialissimis, qui continentur sub modo appropriati.

Divisio appropriati in 4 modos. — Consequenter sub modo *appropriati*, qui ex opposito dividebatur contra modum signifi-

(1) Vid. *Lexic. Scot.* Distinct. v. *Numerus.*
(2) Vid. ib. v. *Ordo.*

candi *communem*, ad modos specialissimos descendamus.

59. **Nomen proprium.** — Quorum *primus* est modus *propriae denominationis*, sumptus a proprietate *individuationis* absolute; et hic modus constituit nomen *proprium* individui, et absolute impositum, ut *Socrates, Plato.* Nomen ergo *proprie proprium* est, *quod significat rem sub proprietatibus individuationis absolute* (1).

60. **Praenomen.** — *Secundus* modus *appropriati* est modus significandi per modum *praenominationis*, sumptus a proprietate *differentiae*, quae est facere differre; et hic modus constituit nomen proprium *praenomen*, ut *Marcus, Tullius.* Nomen ergo *proprium praenomen* est, *quod impositum est rei individuae sub ratione. differentiae.*

61. **Cognomen.** — *Tertius* modus *appropriati* est modus significandi per modum *cognominis*, vel *cognationis*, sumptus a proprietate *parentali*, quae est unum nomen pluribus commune; et hic modus constituit nomen proprium *cognomen*, ut omnes de parentela *Romuli* dicuntur *Romuli;* et dicitur *cognomen*, quia pluribus *cognatis*

_____

(1) Vid. *Lexicon Scotist.* Distinct. v. *Individuatio-Individuum.*

est nomen commune. Nomen ergo *proprium cognomen* est, *quod impositum est rei individuae sub proprietate parentali.*

62. Agnomen. — *Quartus* modus *appropriati* est modus significandi per modum *agnominis,* sumptus a proprietate *eventus;* et hic modus constituit nomen proprium *agnomen,* ut Scipio *Africanus* nominatus est, quia ex eventu devicit Africam. Nomen ergo *proprium agnomen* est, *quod impositum est rei individuae sub proprietate eventus.*

63. Patet ergo, qui, et quot sunt modi significandi Nominis *essentiales, generalissimi, specialissimi,* et *subalterni;* et quae, et quot sunt species Nominis per eosdem modos constitutae.

64. Praedictarum divisionum epilogus. — Et notandum, quod sicut modus *generalissimus* Nominis, qui est modus *entis,* dividitur in modos *speciales,* descendendo ad modos *specialissimos,* sic Nomen simpliciter sumptum in sua prima divisione dividitur in nomen *commune* et nomen *proprium.* Nomen vero *commune* vel *appellativum* dividitur in *adiectivum* et *substantivum.* Nomen substantivum dividitur in nomen substantivum *generale,* et in nomen *speciale, patronymicum, collectivum,* et *diminuti-*

vum. Nomen *adiectivum* dividitur in adiectivum *denominativum, generale, speciale, collectivum, possessivum, diminutivum, divisivum, gentile, patrium, interrogativum, responsivum, infinitum, negativum, demonstrativum, relativum, positivum, comparativum, superlativum, ad aliquid* dictum, *temporale, verbale, locale, numerale, ordinale.* Item *proprium* dividitur in nomen *proprie proprium, praenomen, cognomen et agnomen.*

65. Et est sciendum, quod praeter nomina, de quorum modis significandi determinatum est, sunt et alia plura nomina usitata, quae differentiam specialem non habent secundum modos significandi, discrepantes magis secundum diversitatem vocis, quam significati. Ideo sub specialibus modis significandi non cadunt; sed comprehenduntur sub modis significandi supradictis, sicut *univocum* (1), *analogum* (2), *aequivocum* (3), *synonymum, absolutum, fictum,* et his similia, quorum quaedam sunt sub nominibus substantivis, quaedam vero sub nominibus adiectivis comprehenduntur.

---

(1) Vid. *Lexicon Scotist.* Distinction. v. *Univocatio.*
(2) Vid. ib. v. *Analogia.*
(3) Vid. ib. v. *Aequivocatio.*

4

Caput XIV.

De Modis accidentalibus Nominis
in communi.

66. **Modi nominis accidentales sex.** — Determinato de modis significandi essentialibus Nominis, consequenter de modis significandi *accidentalibus* eius videamus. Iuxta quod est notandum, quod *qualitas*, quam assignat Donatus pro accidente Nominis, dividens eam in *qualitatem propriam* et *appellativam*, nominat duos modos *essentiales* Nominis subalternos, scilicet modum *communis*, et *appropriati*, ut patet ex praedictis; quae dicuntur *accidere* Nomini, quia sunt praeter intellectum essentialem Nominis simpliciter et absolute sumpti.

Item *comparatio*, quam Donatus dividit in tres gradus, nominat tres modos significandi constituentes *positivum, comparativum, et superlativum*, de quibus dictum est. Et quia sub his tribus modis significandi fit comparatio rerum, ideo *gradus comparativus* nominatur. Et dicitur comparationem *accidere* Nomini, quia hi tres modi sunt extra intellectum Nominis absolute sumpti. Et sic universaliter omnis modus

significandi partis, qui non est modus essentialis generalissimus, potest dici *accidens*
Nominis absolute. Et licet sit modus accidentalis partis simpliciter sumptae, poterit
tamen esse essentialis secundum aliquam
eius speciem.

Dicamus ergo de modis *pure acciden-*
talibus Nominis, et sunt sex secundum Grammaticos, scilicet: *Species, Genus, Numerus,*
Figura, Persona, et Casus (1). De his ergo
dicamus, et primo de *specie.*

Caput XV.

De specie accidentali Nominis.

67. **Praenotandum.** — Iuxta dicta, notandum est, quod *species,* secundum quod
est modus significandi accidentalis Nominis,
non attenditur ex parte vocis, ut quidam
dicunt, ita quod illud nomen sit primitivae
speciei, cuius vox est primo ad significandum imposita; et illud derivativae speciei,
cuius vox est secundario imposita, a voce
primitiva descendens, ut *albus* descendit ab
albedine; quia iam modus significandi activus a voce traheretur, et non a proprietate

(1) De quibus agitur usque ad cap. XX.

rei; quod est contra posita (1). Dicendum est ergo, quod *species* sumitur a proprietate rei, quae est modus existendi primarie, vel secundarie. Et voco modum significandi *primarie*, modum existendi *absolute*; et modum significandi *secundarie*, modum existendi *comparate*.

68. Species nominis. — *Species* ergo est *modus significandi accidentalis Nominis, mediante quo modum significandi primarium vel secundarium significat.* Et dividitur in speciem *primitivam* et *derivativam*. Species *primitiva* est *modus significandi rem sub esse primario, vel ut est essentia prima.* Species *derivativa* est *modus significandi rem sub esse secundario, vel ut essentia secundaria.* Unde *mons* primitivae speciei est, quia significat rem sub essentia primaria, quae est essentia absoluta; sed *montanus* derivativae speciei est, quia significat rem sub esse secundario, quae est essentia comparata. Nam *montanus* non significat *montem* absolute, sed in comparatione ad habitatorem montis. Et sic in aliis, quae sunt primitivae, aut derivativae speciei.

_____

(1) Num. 6.

Caput XVI.

De genere accidentali Nominis.

69. Genus nominis. — Dicto de *specie*, dicendum est de *genere*. Iuxta quod notandum est, quod in rebus inveniuntur duae proprietates generales, scilicet proprietas *agentis*, et proprietas *patientis*, quae licet in omnibus rebus ex materia et forma compositis inveniantur, tamen in rebus separatis magis prompte et distincte videntur inesse; quorum unum est determinate *generans*, et alterum determinate *patiens*; aliis autem rebus insunt sub quadam indifferentia, et indistincte, sive indeterminate. Et hoc antiqui attendentes, definierunt Genus, dicentes: *Genus est discretio sexus*, hoc est, *Genus est modus significandi nominis, sumptus a proprietate activa, vel passiva, quae in rebus separatis magis prompte et determinate invenitur.* Ab huiusmodi enim proprietatibus trahitur *genus* in nominibus, ut dictum est. Unde *genus* simpliciter est modus significandi activus, quo mediante, nomen proprietatem agentis, vel patientis, vel utrumque significat. Et secundum diversitatem harum proprietatum diversifica-

tur genus in Nomine, per *Masculinum, Foemininum, Neutrum, Commune,* etc.

70. Masculinum, Foemininum, Commune. — genus *masculinum* est modus significandi rem sub proprietate *agentis,* ut *vir, lapis.* — Genus *foemininum* est modus significandi rem sub proprietate *patientis,* ut *petra, mulier.* — Genus *commune* est modus significandi rem sub utraque proprietate *determinate,* ut *homo, virgo.* Aliter dicitur, et melius, quod, genus *commune* est, quod nec differt a *masculino,* nec a *foeminino.* — Genus *neutrum* est *modus significandi rem sub proprietate neutra, quae est indeterminata, et indifferenter ad utrumque,* ut *animal, lignum.*

71. Alia explicatio. — Quidam tamen dicunt, quod *neutrum* genus sit modus significandi rem sub privatione utriusque proprietatis. Quo posito, vel genus neutrum non erit modus significandi, sed figmentum; vel a privatione accipietur, quae nullius est causa; quae ambo sunt inconvenientia; nisi tunc intelligatur, quaedam nomina esse sub privatione utriusque proprietatis imposita, ut sic ipsa esset neutrius generis; et hoc est bene possibile, sicut aliqua sunt verba, quae possunt imponi ad significandum privationem generis, personae, vel alterius accidentis, quam generis, quod tamen imponitur nomen ad significandum sub proprietate *omnis generis*. Et sic posset esse omnis generis. Hoc tantum convenit adiectivis, quae genus non habent ex proprietate suae rei subiectae, sed ex proprietate rei substantivi nominis.

72. **Adiectivum omnis generis.** — Unde dicitur *adiectivum* esse *omnis generis*, quia potest attribui substantivo masculini generis, foeminini, vel neutrius, ut *felix*.

73. **Genus Epicoenum.** — Item illud nomen dicitur *epicoeni* generis, quod habet masculinum et foemininum genus sub uno articulo designatum, ut *hic passer*, et *haec aquila*.

74. **Dubium genus.** — Item illud nomen dicitur *dubii* generis, quod nulla causa cogente Poëtae sub utroque genere protulerunt, quandoque sub masculino, quandoque sub foeminino, ut *hic*, vel *haec dies*, *hic* vel *haec cortex*.

Caput XVII.

De numero accidentali Nominis.

75. **Numerus essentiarum.** — Habito de *genere*, consequenter dicendum est de *numero*. Iuxta quod notandum, quod *nume-*

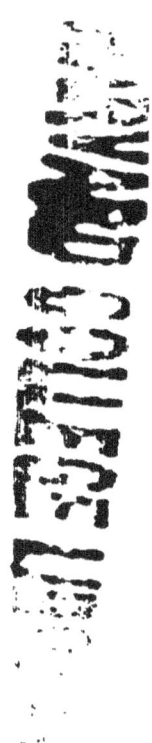

rus in rebus extra animam, secundum Boë-
thium, *est multitudo ex unitatibus aggre-
gata, et profusa.* Sed duplex est unitas:
quaedam est *indivisa rei entitas,* a qua ens
dicitur *unum,* id est, *indivisum.* Ab ista
unitate multoties iterata profunditur *multitudo,* quae est unum de transcendentibus,
ut *ens,* et *unum.* Et quia cum ente conver-
titur huiusmodi multitudo, vocatur *numerus
essentiarum,* et secundum istum numerum
essentiarum, species rerum numerantur (1).

76. **Numerus materialis.** — Alia est unitas, quae est *rei indivisa continuitas,* a
qua *continuum* dicitur *unum,* id est, *indivisum;* et ab ista unitate multoties reite-
rata profunditur *multitudo,* quae *numerus
materialis* vocatur, id est individuorum secundum differentiam materialem differentium. Iste etiam numerus dicitur *accidentalis,* quia per hunc numerum numerantur individua, quae *per accidens* tantum differunt.

77. **Definitio numeri.** — Est sciendum,
quod in utroque numero duae proprietates
inveniuntur, scilicet: proprietas *indivisibilitatis,* quae est in re ratione unitatis; et
proprietas *divisibilitatis,* quae est in re ra-

---

(1) Vid. *Lexicon Scotist.* Distinction. *Numerus —
Unitas.*

tione multitudinis, quae ab unitatis replicatione profunditur; et ex his proprietatibus iam dictis sumitur numerus in nomine, qui est modus accidentalis significandi nominis. *Numerus ergo est modus significandi accidentaliter nominis, mediante quo nomen proprietatem indivisibilitatis, quae est proprietas unius, vel proprietatem divisibilitatis, quae est proprietas multitudinis, significat.*

78. **Numerus singularis — pluralis. — Et** dividitur in *singularem* et *pluralem.* Numerus *singularis* est *modus significandi rem sub proprietate indivisi, quae est proprietas unius,* ut *animal, homo.* — Numerus *pluralis* est *modus significandi rem sub proprietate divisi, quae est proprietas multitudinis,* ut *homines, animalia* etc.

Caput XVIII.

De figura accidentali seu grammaticali Nominis.

79. **Figura, unde sumatur. —** Dicto de *numero,* dicendum est de *figura.* Iuxta quod notandum est, quod *figura,* prout est modus significandi Nominis, non accipitur a proprietate vocis, ut quidam dicunt,

ita quod illud nomen sit simplicis figurae, cuius vox est simplex, ut *doctus;* et illud compositae figurae, cuius vox est composita, ut *indoctus;* illud vero decompositae, cuius vox est decomposita, ut *inexpugnabilis;* quia hoc posito, modi significandi traherentur a voce, et non a rei proprietate, quod est contra dicta (1). Sed dicendum est, quod *figura* sumitur a proprietate rei.

· 80. **Tres rerum proprietates.** — Iuxta quod notandum, quod in rebus inveniuntur tres proprietates communes, scilicet: proprietas *simplicis,* proprietas *compositi,* et proprietas *decompositi.* — Et voco proprietatem *decompositi* proprietatem collectionis ex pluribus, quam duobus. Ab his tribus proprietatibus rerum sumitur *figura,* quae est modus significandi nominis.

81. **Compositio logica — grammaticalis.** — Ab his etiam proprietatibus imponit Logicus tres voces ad significandum, scilicet: *Terminum, Propositionem* et *Syllogismum;* licet aliter sumatur *simplicitas, compositio,* et *decompositio* in nomine *figurae* simplicis, compositae et decompositae, quam in *termino, propositione,* et *syllogismo* (2).

---

(1) N. 6.

(2) Vid. *Lexicon Scotist.* Distinct. verb. relata.

In propositione enim et syllogismo sumitur compositio secundum distantiam circa *diversa significata diversarum vocum* cadens. Sed in nomine compositae figurae sumitur compositio secundum distantiam vocum circa *idem significatum eiusdem dictionis* cadens. Similiter in termino sumitur simplicitas prout opponitur compositioni, secundum distantiam circa *diversa significata diversarum dictionum* cadens; sed in definitione simplicis figurae sumitur simplicitas prout opponitur compositioni, quae est secundum distantiam circa *idem significatum eiusdem dictionis* cadens.

82. **Figura.** — Figura ergo est *modus signficandi accidentalis Nominis, mediante quo, nomen proprietatem simplicis, compositi, vel decompositi significat.* Et secundum hanc triplicem proprietatem rei, variatur figura per triplicem differentiam, quae est figura *simplex, composita,* et *decomposita.*

83. **Figura simplex — composita — decomposita.** — Figura *simplex* est *modus significandi rem sub proprietate simplicis,* ut *dives, pauper.* — Figura *composita* est *modus significandi sub proprietate compositi,* ut *praedives, praeclarus.* — *Decomposita* est *modus significandi sub proprietate decom-*

positi, id est, sub proprietate collectionis,
ut *inexpugnabilis.*

84. **Earum differentia.** — Et hoc est,
quod solet dici, quod illa dictio est *simplicis figurae,* quae est imposita a simplici
conceptu ad significandum; et illa est *compositae figurae,* quae est imposita ad significandum a conceptu composito; illa autem
est *figurae decompositae,* quae est imposita a pluribus conceptibus ad significandum,
quam ex duobus aggregatis. Licet hoc verum sit, tamen quia huiusmodi conceptus
non sunt ficti, oportet correspondere ipsis
proprietates in re; et hae proprietates sunt
hae, quae dictae sunt, quas nomen, conceptibus memoratis mediantibus, significat.

CAPUT XIX.

De casu grammaticali Nominis.

85. **Casus.** — Consequenter de *casu* dicamus. Iuxta quod notandum, quod in rebus inveniuntur quaedam proprietates *communes,* scilicet: proprietas *principii,* et
proprietas *termini.* Item, inveniuntur quaedam proprietates *generales* in rebus, scilicet: proprietas, ut *quod est aliquid in se,*
vel *quod est alterum;* et proprietas *cuius est*

aliud; et proprietas, ut *cui est,* et *cui aliquid datur;* et sic de consimilibus, quae repraesentatur per inflexionem huius nominis *quod, cuius,* et *cui* etc.; et a primis proprietatibus oritur *casus,* qui est modus significandi Nominis. Sed a secundis proprietatibus superadditis primis oriuntur differentiae *casus,* vel casuum. — *Casus* igitur est *modus significandi accidentalis Nominis, mediante quo, nomen proprietatem principii, vel termini consignificat.*

86. **Casus divisio.** — Et secundum harum proprietatum diversitatem, cum aliis proprietatibus superadditis, casus in *sex* species partitur, scilicet: in *Nominativum, Genitivum, Dativum, Accusativum, Vocativum,* et *Ablativum.*

87. **Nominativus.** — *Nominativus* casus est *modus significandi in ratione principii, illa proprietate rei,* ut quod est alterum, *superaddita,* ut dicendo *Socrates currit,* vel *amat.* Iste nominativus *Socrates* significat in ratione principii, respectu huius actus *amare* sub proprietate, *ut quod est alterum,* id est, sub proprietate *ut quod est aliquid in se, alterum actum verbi sibi adhaerentis principians active.* Similiter dicendo, *Socrates amatur, Socrates* significat sub proprietate *ut quod est aliquid in*

se alterum principians passive: utrobique enim stat sub proprietate principii, respectu verbi dependentis, proprietate *ut quod est alterum* superaddita.

Ex hoc patet error dicentium, Nominativum esse modum *de quo* est alterum enuntiabile, vel modum *in quo* est alterum, ut *in subiecto;* licet enim res Nominativi, respectu Verbi, possit substare proprietati, *ut de quo,* vel proprietati, *ut in quo,* et sic de aliis; tamen vox Nominativi non significat res sub proprietate, *ut de quo,* vel *in quo;* quia tunc Nominativus non esset casus ab aliquo distinctus. Item, si constructio Nominativi cum Verbo fieret mediante propositione, *de quo,* vel *in quo,* tunc propositio deserviret Nominativo, quod est falsum.

Nominativus ergo est *modus significandi, ut quod est alterum;* et hoc probatur ratione, et auctoritate. *Ratione* sic: ille modus est modus significandi Nominativi, per quem Nominativus ab omnibus aliis distinguitur: sed per modum, *ut quod est alterum,* est distinctus ab aliis; ergo Nominativus est modus significandi, *ut quod est alterum.* — Probatur etiam *auctoritate* Petri Heliae, qui vult quod species, sive modi casuum, sumantur penes inflexionem huius nominis *quod, cuius, cui,* etc. Si ergo Genitivus est modus significandi, *ut cuius est alterum*, Dativus est modus significandi, *ut cui est alterum*, vel *cui acquiritur*, vel *datur alterum*, Nominativus erit modus significandi, *ut quod est alterum*. Et dicitur iste modus significandi *Nominativus*, quia sub isto modo *nomina* rebus imponimus. Et huic modo proportionatur in verbo modus, *ut ipsum est alterum*, scilicet: principiatum, et causatum a re Nominativi active, vel passive.

88. **Genitivus.** — *Genitivus* est *modus significandi rem in ratione principii, vel termini differenter, proprietate*, ut cuius est alterum, *superaddita;* ut dicendo: *Socratis interest;* iste Genitivus *Socratis* significat rem in ratione principii, respectu huius verbi *interest*, proprietate, *ut cuius est alterum*, superaddita. Similiter dicendo: *misereor Socratis*, vel: *filius Socratis est*, iste Genitivus *Socratis* significat rem in ratione termini, respectu huius verbi, *misereor*, vel huius nominis, *filius*, proprietate, *ut cuius est alterum*, superaddita. Dicitur *Genitivus*, quasi primo a voce Nominativi *genitus*. Et huic modo proportionatur in verbo modus *ut ipsum est alterius*.

89. **Dativus.** — *Dativus casus* est *modus significandi rem in ratione principii*,

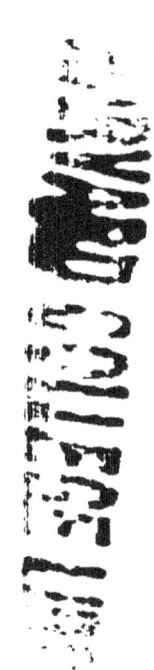

vel termini indifferenter, proprietate ut cui alterum acquiritur *superaddita;* ut dicendo: *Socrati accidit;* in hac constructione, iste Dativus, *Socrati,* significat per modum principii, superadicto sibi modo, *ut cui alterum acquiritur.* Similiter dicendo, *faveo Socrati,* vel *similis Socrati;* in hac constructione iste Dativus, *Socrati,* significat rem in ratione termini, proprietate, *ut cui alterum acquiritur,* vel *datur,* superaddita. Et dicitur iste modus significandi *Dativus,* quia est modus significandi, *ut cui alterum acquiritur,* vel *datur.* Et huic modo proportionatur in verbo modus *ut ipsum est, quod alteri datur.*

90. Accusativus. — *Accusativus* casus, secundum dictam inflexionem, est *modus significandi rem in ratione termini, proprietate ut* quem, superaddita, ut dicendo: amo *Deum,* iste Accusativus, *Deum,* significat sub proprietate terminandi actum, et dependentiam huius verbi, *amo,* proprietate, *ut quem,* superaddita. Et dicitur *Accusativus* quasi terminus actus. Et huic modo proportionatur in verbo modus dependentis, sub modo *ad alterum.* Aliquando tamen Accusativus est modus significandi rem, sub ratione principii simpliciter, id est, proprietate speciali non superaddita, scilicet quando

actus construitur intrinsece cum Infinitivo,
vel cum verbo impersonali, ut dicendo: *me
legere, me oportet,* hic significat Accusativus rem, sub ratione principii a nulla proprietate speciali contracta, nec contrahibili,
cui proportionatur modus verbi simpliciter.
Et hic modus non videtur sibi accidere, nisi
tunc ponatur quod actus sit modus significandi aequivocus, ad significandum sub ratione termini, *ut quem;* et ad modum sub
ratione principii simpliciter.

Et est sciendum, quod ratio termini, *ut
quem,* aliquando sumitur simpliciter, id est,
non contracte, ut dicendo: *lego librum;* aliquando contracte, ut quando contrahitur per
praepositionem Accusativo deservientem, ut
dicendo: *Vado ad plateam, curro ad cam-
pum;* et sic modus sibi correspondens simpliciter est contrahendus.

91. **Vocativus.** — *Vocativus* casus est
*modus significandi rem sub ratione ter-
mini dependentis, actus exerciti, vel exercitati, nulla differentia dictarum proprietatum superaddita,* ut dicendo: *o. Henrice,*
iste Vocativus habet in se rem in ratione
termini, tantum in ratione dependentis illius
actus exerciti, vel exercitati. Unde notandum est, quod duplex est actus, scilicet: *signatus,* et *exercitus.* Actus *signatus* est,

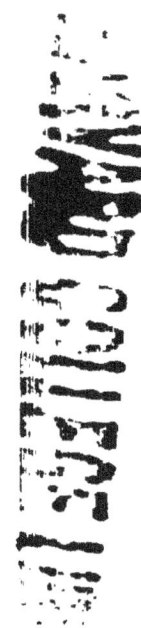

qui per verbum, vel participium importa-
tur, ut *lego*, *legens*. Actus *exercitus* est,
qui per prolationem huius Adverbii, *o*, exer-
citatur, quasi in eius modum significandi
cadens, et huius proprius terminus est vocativus; ideo iste modus significandi *Vocativus* nominatur, quia est proprius terminus
vocationis, seu actus *vocandi*. Et huic modo
significandi Vocativi, vel exercitati proportionatur in Adverbio, *o*, modus significandi
per modum vocantis, vel exercitantis.

92. Ablativus. — *Ablativus* casus est
*modus significandi rem, in ratione prin-
cipii, vel termini indifferenter, proprietate*; ut quo, *superaddita*; ut dicendo, *utor
pane*, iste ablativus significat in ratione
termini proprietate, *ut quo*, superaddita; et
huic modo proportionatur modus dependentis sub modo *ut altero*. Similiter dicendo
a Socrate legitur, iste ablativus significat
in ratione principii, proprietate, *ut quo*, superaddita. Et dicitur iste modus *Ablativus*, quia est modus significandi, ut a quo
aliquid auferimus.

Et est sciendum, quod ratio termini, vel
principii *ut quo*, aliquando sumitur non contracte, ut dicendo, *utor pane;* aliquando
contracte praepositionibus adiectis, ut dicendo, *a Socrate legitur in Ecclesia*, vel *in*

domo, et sic de aliis, et sic modus significandi sibi correspondens et proportionabilis est contrahendus (1).

93. **Epilogus.** — Ex istis patet sufficientia istorum sex casuum, per hunc modum: omnis casus aut est modus significandi *principii* tantum, vel *termini* tantum, vel *utriusque* indifferenter. Si casus sit modus significandi in ratione principii tantum, modo ut *quod* est alterum superaddito, sic est *Nominativus* casus. Si tantum in ratione ter-

_____

(1) Notandum autem, quod « *Ablativus,* quando construitur cum verbo *adiectivo,* construitur cum eo vel in ratione *principii activi,* vel in ratione *actionis* et *fieri,* ut *lignum habet esse calidum calore vel igne,* ibi iste ablativus *calore* significat, quod calor habitus in ligno sit *principium* calefactionis in ligno. Cum vero dicitur: *lignum habet esse calidum calefactione,* construitur ablativus in ratione *factionis* et *fieri.* — Sed quando ablativus construitur cum verbo *substantivo,* construitur cum eo in ratione *principii formalis essendi,* ut cum dicitur: *lignum est calidum calore* ». — *Oxon.* I. d. 18. n. 9.

At « potest ablativus construi in ratione formalis principii *proximi* vel *remoti.* Et ista multiplicitas universaliter accidit, quando aliquod abstractum construitur in ablativo cum aliquo concreto denotante respectum. Haec enim est vera: *simile est simile similitudine,* intelligendo ablativum construi in ratione formae *proxime* denominantis. Et similiter haec est vera: *simile est simile qualitate,* intelligendo ablativum construi in ratione principii formalis *remoti.* — Ib. IV. d. 13. q. 1. n. 21.

mini, nulla speciali proprietate superaddita, sic est *Vocativus* casus. Si autem sit modus significandi rem sub ratione utriusque indifferenter, vel hoc est modo superaddito ut *cuius*, et sic est *Genitivus* casus; vel modo ut *cui*, et sic est *Dativus* casus; vel modo ut *quem*, et sic est *Accusativus* casus; vel modo *a quo*, et sic est *Ablativus* casus. Et est sciendum, quod sicut species et differentiae casuum attenduntur penes inflexionem huius nominis *quod, cuius, cui,* etc. sic modi in verbo, proportionabiliter casibus, attenduntur penes inflexionem huius nominis *alter, alterius, alteri,* etc.

Caput XX.

De persona et declinatione grammaticali.

94. Persona. — Habito de *casu*, dicendum est de *persona*. Iuxta quod notandum est, quod in rebus rationabilibus reperitur quaedam proprietas casus, scilicet proprietas loquendi a quo trahitur persona (1), quae

---

(1) In quo consistat *ratio formalis* personae, pluribus explicat Doctor Subtilis in *Oxon.* l. d. 23. n. 4 seqq. — d. 26. n. 52. — III. d. 1. q. 1. n. 7 seqq. — *Quodlib.*

est accidens Nominis. Est ergo *persona modus significandi Nominis, mediante quo Nomen proprietatem loquendi consignificat.* Et secundum diversitatem loquendi, *de se, ad alium,* vel *de alio,* variatur persona per triplicem differentiam, scilicet: *primam, secundam* et *tertiam.*

Prima persona. — *Prima* persona est *modus significandi rem sub proprietate loquendi de se, ut de se.*

Secunda. — *Secunda* persona est *modus significandi rem sub proprietate loquendi ad alium, ut ad alium.*

Tertia. — *Tertia* persona est *modus significandi rem sub proprietate loquendi de alio, ut de alio.* Et quia modus loquendi de se non est sine modo significandi de se, ideo ipse modus dicitur *persona,* a *per se sonando* nominata.

95. Declinatio. — Notandum, quod *declinatio,* quam Donatus sub *casu* comprehendit, a proprietate casuum oritur. *Decli-*

---

q. 4. n. 7. q. 9. n. 4, et alibi passim. Vid. *Lexic. Scotist.* v. *Persona,* ubi scite notat Doctor, definitionem personae a Boetio relatam: *Persona est rationalis naturae individua substantia,* exponendam vel corrigendam esse per illam Richardi: *Persona est intellectualis naturae incommunicabilis existentia.*

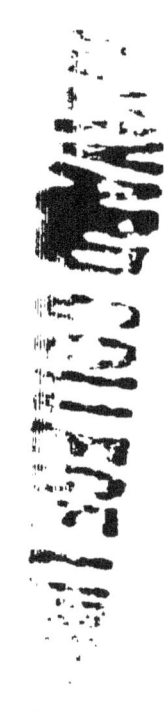

natio ergo est *modus significandi rem nominis, per quem inflectitur*. Et variatur per diversas casuum proprietates, de quibus dictum est (1). Et quia ad istam inflexionem proprietatum sequitur in pluribus inflexio vocum, ideo quidam dixerunt declinationem esse *vocis in vocem inflexionem*.

Eius species. — Quod autem aliquod nomen sit *primae, secundae, tertiae, quartae*, vel *quintae* declinationis, vel *consequentis*, vel *inconsequentis*, haec ratio a parte vocis attenditur.

Et sic patet qui, et quot sunt modi significandi Nominis, tam *essentiales* quam *accidentales*.

CAPUT XXI.

De Modo significandi essentiali generalissimo Pronominis.

96. **Pronomen.** — Modus significandi *essentialis generalissimus* Pronominis est *modus significandi per modum entis et indeterminatae apprehensionis*. A qua vero proprietate modus significandi per *modum entis* sumitur, prius dictum est, nam in hoc

---

(1) Cap. praec.

modo Pronomen a Nomine non distinguitur, ut dictum est (1).

Modus vero *indeterminatae apprehensionis* oritur a proprietate, seu modo essendi materiae primae. Materia enim prima in se, extra indeterminata est, respectu cuiuslibet formae naturalis, quae inest de se, ita quod nec includit nec excludit formam, nec determinationem formae (2). Ab ista ergo proprietate materiae primae, quae est proprietas de se indeterminata, determinabilis tamen per formam, sumitur modus significandi essentialis generalissimus Pronominis; non quod Pronomen materiam primam significet tantum, sed ex modo essendi reperto in materia prima, intellectus movetur ad considerandum aliquam essentiam sic indeterminatam, et ad imponendum sibi vocem sub modo significandi per modum indeterminati. Et hunc modum generalissimum essentialem Pronominis Grammatici expresserunt dicentes, *Pronomen significare substantiam meram, vel substantiam sine qualitate;* dantes intelligi per *substantiam* modum entis, qui in substantia principaliter reperitur, ut dictum

---

(1) Vid. supra n. 24.

(2) Vid. *Lexic. Scotistic.* Distinct. V. *Materia prima,* etc.

est; per *meram,* vel *sine qualitate,* modum indeterminatae apprehensionis.

97. Obiectio. — Sed si obiiciatur sic: Modus significandi partis debet esse positivus, et non privativus, sicut pars est quid positivum : sed modus *indeterminatae apprehensionis* est modus privativus; ergo non potest esse modus significandi Pronominis.

Solutio. — Dicendum, quod illud, quod est ita indeterminatum, quod excludat formam, et formae determinationem, est privativum; tamen illud, quod sic est indeterminatum, quod non excludit, nec includit formam, nec formae determinationem, non est privativum; et sic se habet modus significandi Pronominis, qui est modus indeterminati de se, determinabilis tamen. *Vel dicendum,* quod per modum istum privativum Grammatici circumloquuntur modum significandi positivum, qui est modus significandi communis simpliciter.

98. Difficultas. — Et si dicatur, quod iste modus significandi communis simpliciter invenitur in hoc nomine *ens;* vel ergo *ens* est Pronomen, vel Pronomen non erit distinctum a Nomine.

Solvitur. — Dicendum, quod licet hoc nomen *ens* habeat modum significandi communem, respectu significatorum specialium, scilicet *substantiae* vel *accidentis*, *hominis* vel *leonis;* tamen eius significatum non est commune respectu aliorum transcendentium, quae sunt *unum, res,* et *aliquid*, et respectu privationum, et negationum, ut *nihil* est non ens; ergo non habet modum significandi communis simpliciter; sed Pronomen habet modum significandi communis simpliciter, respectu omnium significatorum specialium, et transcendentium, privationum, et negationum, teste Prisciano (1), qui dicit, quod *Pronomen ad omne suppositum pertinet*, id est, ad omne significatum se extendit; ergo instantia nulla.

Iuxta quod est notandum, quod omnis pars orationis est ens secundum animam. — Item sciendum est, quod omnes privationes et negationes in se sunt entia positiva in anima, ut dictum est prius (2). Dicendum est ergo, quod licet modus indeterminati non sit positivus realiter, est tamen positivus in anima; et hoc sufficit ad distinctionem partium orationis, quae sunt entia secundum animam. *Pronomen* ergo est *pars orationis significans per modum entis, et indeterminatae apprehensionis.*

---

(1) Lib. 13. *De Pronomine.*
(2) Num. 9.

CAPUT XXII.

De modis significandi essentialibus Pro-
nominis, tam subalternis, quam spe-
cialissimis.

99. — Sub hoc autem generalissimo
modo significandi Pronominis ad modos *es-*
sentiales, et *subalternos,* et *specialissimos*
descendamus, qui sunt modi *relationis,* et
demonstrationis; modus *primitivi,* et modus *derivativi;* modus *substantialis* vel *sub-*
stantivi, et modus *adiectivi.*

100. Demonstratio. — Pronomen demonstrativum. — Modus ergo significandi, qui vocatur *demonstratio,* sumitur a proprietate rei,
quae est proprietas *certitudinis,* et *praesen-*
tiae, seu notitiae primae intellectus; et hunc
modum Donatus vocat *qualitatem finitam;* et
hic modus constituit Pronomen *demonstrati-*
vum. Pronomen ergo *demonstrativum si-*
gnificat rem sub ratione vel proprietate
praesentiae seu notitiae primae. Semper
enim Pronomini sex demonstrationes corre-
spondent praesentiae, sive sit ad sensum, sive
ad intellectum; differenter tamen. Quia Pronomen demonstrativum *ad sensum* hoc, quod
demonstrat, significat, ut: *ille currit.* Sed

Pronomen demonstrativum *ad intellectum* hoc, quod demonstrat, non significat, sed aliud, ut si dicam de herba demonstrata in manu mea: *haec herba crescit in horto meo,* hic unum demonstratur, et aliud significatur. Et hunc modum demonstrandi habent *propria* nomina, ut si dicam demonstrato Ioanne: *iste fuit Ioannes,* hic unum demonstratur, et aliud in numero significatur. Et sic contingit dare diversos modos certitudinis, et praesentiae; et secundum hoc erunt diversi modi demonstrationum; et ex consequenti diversa Pronomina demonstrativa. Contingit enim rem esse praesentem et certam, et maxime certam vel praesentem, et sic demonstratur per hoc Pronomen *ego;* vel non maxime esse certam et praesentem, et sic demonstratur per hoc Pronomen *tu;* et alia similia (1).

101. **Relativum.** — Modus significandi, qui vocatur *relatio,* sumitur a proprietate rei, quae est proprietas *absentiae,* et *incertitudinis,* seu notitiae secundae; unde Do-

---

(1) Licet longe alia sit haec demonstratio *grammaticalis* a demonstratione *scientifica,* de qua late agimus in nostro *Lexic. Scotist. Distinct.* v. *Demonstratio* etc., quae tamen inibi proponuntur plurimum conferunt ad huius naturam plenius internoscendam.

natus appellat istum modum *qualitatem Pronominis* infinitam; et hic modus constituit Pronomen *relativum*. Pronomen ergo
*relativum significat rem sub proprietate
absentiae, et incertitudinis, seu notitiae secundae.* Semper enim pronomen relativum,
vi relationis, repraesentat rem, ut est absens, et incerta, sive sit res praesens, sive
absens, quae refertur, ut dicendo: *Socrates
currit*, et *ille disputat*, hoc relativum *ille*
refert, hoc antecedens *Socrates* stans sub
actu primo, seu sub notitia prima, reiterando ipsum sub actu secundo, sive sub
notitia secunda; et sic notificat ipsum tamquam incertum, et absens, faciens recordationem de ipso sub actu secundo. Recordatio enim semper est praeteritorum et ab-
sentium. *Recordatio* enim nihil aliud est,
quam cognitio secunda, ut si aliquid sit
primo cognitum, postea oblitum, et iterum
ad memoriam reductum; unde dicitur *relatio*, quasi *ante latae rei recordatio* (1). Et
sicut contingit dare diversos gradus absentiae, secundum hoc sunt diversi modi relationis; et ex consequenti diversa pronomina

---

(1) « Recordatio est cognitio seu cogitatio actus alicuius praeteriti ipsius recordantis, et hoc inquantum praeteriti ». — *Oxon.* IV. d. 45. q. 3. n. 5. — Cf. *Lexic.* etc.

relativa, quia ad diversitatem in causa sequitur diversitas in effectu.

102. **Primitivum — derivativum.** — Modus significandi, qui est *primitivus*, et *derivativus*, sumitur ab eadem proprietate in Pronomine, a quo sumitur species *primitiva*, et *derivativa* in Nomine; sunt enim iidem modi significandi hic, et ibi; nam *primitio* in Pronomine idem est quod species *primitiva* in Nomine; et *derivatio* in Pronomine idem est quod species *derivativa* in Nomine. Sed habent se differenter, quia *primitio* et *derivatio* constituunt diversas species in Pronomine, scilicet Pronomen *primitivum*, et *derivativum;* sed in Nomine, species *primitiva* et *derivativa* modi significandi accidentales Nominis nominantur.

103. **Substantivum.** — Item modus *adiacentis* et *per se stantis* ab eisdem proprietatibus sumitur, a quibus sumebatur in Nomine, scilicet modus *per se stantis* a proprietate *essentiae* distinctae; et modus *adiacentis* a proprietate *inhaerentis* alteri secundum esse (1).

Et est sciendum, quod a Grammaticis ponuntur tria Pronomina *substantiva*, scilicet, *ego, tu, sui,* quia huiusmodi usi sunt

---

(1) Vid. n. 31-32.

Poëtae virtute demonstrationis et relationis in sermone perfecto, sine adiunctione alterius substantivi; aliis autem usi sunt adiective; ideo Grammatici omnia alia Pronomina *adiectiva* posuerunt.

104. **Possessivum — Gentile.** — Sub modo significandi, qui est modus *derivativi*, ad modos *specialissimos* descendamus. Continet autem sub se duos modos. Primus est modus significandi per modum adiacentis alteri, sub ratione *possidentis* ipsum; et hic modus constituit Pronomen derivativum *possessivum*. *Pronomen ergo derivativum possessivum* est, *quod significat per modum adiacentis alteri per modum possidentis ipsum*, ut *meus, tuus, suus*, etc. (1). — Secundus modus derivativus est modus significandi per modum adiacentis alteri, sub ratione *gentis*, vel *patriae*; et hic modus constituit Pronomen derivativum *gentile*. *Pronomen ergo derivativum gentile* est, *quod significat per modum adiacentis alteri, sub ratione gentis, vel patriae*, ut *nostras, vestras* (2).

105. **Epilogus.** — Sic ergo patet, quod modus significandi generalissimus Pronomi-

----

(1) Vid. n. 38.
(2) Vid. n. 42.

nis dividitur in modos *specialissimos*, et *subalternos*, sic: Pronomen simpliciter sumptum prima sui divisione dividitur in Pronomen *demonstrativum*, et *relativum*, *primitivum*, *derivativum*, *substantivum*, et *adiectivum*. Item Pronomen adiectivum derivativum dividitur in Pronomen *derivativum possessivum*, et in *derivativum gentile*. Et haec de modis essentialibus Pronominis dicta sufficiant (1).

CAPUT XXIII.

De Modis significandi accidentalibus Pronominis.

106. Accidentia Pronominis. — Dicto de modis *essentialibus* significandi, dicendum est de modis significandi *accidentalibus*. Iuxta quod notandum est, quod Donatus assignat Pronomini sex accidentia, scilicet: *Qualitatem, Genus, Numerum, Figuram, Personam*, et *Casum*.

Notandum, quod *qualitatem*, quam Donatus assignat pro accidente Pronominis, di-

---

(1) Posset addi Pronomen *reciprocum*, de quo Doctor in *Oxon.* l. d. 4. q. 1. n. 3: « Pronomen *reciprocum* denotat, actum terminari ad idem suppositum, a quo procedit ille actus ».

vidit in qualitatem *finitam* et *infinitam*; et vocat illos duos modos significandi essentiales speciales Pronominis, scilicet *demon-strationem*, et *relationem*, de quibus dictum est (1); ita quod per *qualitatem finitam* dat intelligere *demonstrationem*, quae rem finitam et certam significat et repraesentat, scilicet sub accidentibus realibus, quae oculis conspici possunt. Per *qualitatem* vero *infinitam* dat intelligere *relationem*, quae rem incertam et infinitam repraesentat, scilicet sub notitia secunda per recordationem, quae est incerta respectu notitiae primae, ut dictum est (2). De *Genere* autem, et *Numero*, *Persona*, *Figura*, et *Casu* in Pronomine idem intelligatur, quod de ipsis dictum est de Nomine; nam ista accidentia eadem sunt hic, et ibi, et ab iisdem proprietatibus sumuntur (3).

CAPUT XXIV.

De significatione propria Pronominis.

107. Prima opinio. — Habito de modis significandi Pronominis, consequenter de eius

---

(1) Nn. 100-101.
(2) Ib.
(3) Vid. c. XVI seqq.

significatione videamus. Quidam dicunt, quod Pronomen de se et absolute nihil significat, sed tantum habet habilitatem ad significandum, et talis habilitas reducitur ad actum per *demonstrationem et relationem*; quod persuadent per Priscianum, qui dicit, *Pronomen sine demonstratione et relatione cassum esse et vanum.*

Reiicitur. — Ista opinio est erronea et falsa; quia modus significandi supponit significatum, sicut proprietas rei praesupponit ipsam rem: sed Pronomen habet modum significandi; ergo necessario habet significatum.

Ad auctoritatem, quam adducunt, dicendum, quod Pronomen sine *demonstratione* et *relatione* non est cassum et vanum, quia, ut dicitur *II. Phys.* text. 62. *Illud est cassum et vanum, quod est ordinatum in aliquem finem, et illum non attingit* (1): sed Pronomen simpliciter ordinatum est ad significandum essentiam indeterminatam sub modo indeterminati, et ulterius ad constructionem, et hunc finem sine *demonstratione* aut *relatione* potest attingere; ergo non est frustra. — Notandum ergo est, quod aliquid dupliciter dicitur *cassum* et *vanum :* uno modo, quod nihil significat; alio modo, quia nihil

---

(1) Vid. Exposit. Doctoris ad hunc text. Philos.

determinate significat. Pronomen significat aliquid, licet non aliquid determinate; et sic attingit finem, et sic non est frustra.

108. **Secunda opinio.** — Alii dicunt, quod Pronomen significat conceptum entis determinatum, applicabilem unicuique enti, tam in anima, quam extra animam, sicut intentiones secundae, ut *Genus, Species, Subiectum, Praedicatum*, et quae significant conceptum determinatum applicabilem cuicumque enti; quorum motivum est, quia si Pronomen significaret aliquid indeterminatum, tunc eius significatum non esset intelligibile.

Reiicitur. — Ista opinio similiter non valet, est enim erronea; quia si Pronomen significaret conceptum entis, nunquam praedicatum reale posset verificari de Pronomine, et sic haec esset falsa: *Ego sum homo*, quia praedicatum de eo verificatur, quod per subiectum intelligitur et significatur; unde sicut haec est falsa: *Conceptus hominis est animal*, sic haec erit falsa: *Ego sum animal*, quod est inconveniens.

109. **Modus intelligendi materiam.** — Ad aliud, quod adductum fuit ad confirmationem dicti sui, quod si Pronomen significaret aliquid indeterminatum, eius significatum non posset intelligi; dicendum quod, sicut videmus in re, quod totum compositum intelligi-

tur per formam, et postea per analogiam ad
formam cognoscitur materia, quae est in potentia ad formam, ut dicitur *I. Physicor.*
text. 69, et deinceps (1); sic intellectus potest
prius aliquam essentiam intelligere indeterminatam, et postea considerare et respicere
essentiam aliam in respectu ad illam, vel
aliam indeterminatam, tamen per aliquod
determinabile; et illud est significatum Pronominis, scilicet essentiam de se *indetermi-*

---

(1) In cuius textus expositione ait Doctor: « Materia
prima non potest cognosci per speciem *propriam,* eo
quod non potest movere intellectum, cum sit ens in potentia ». — Quo autem sensu hoc sit accipiendum, explicat in *Oxon.* II. d. 12. q. 1. « Philosophus loquitur
ibi de materia ut est subiectum non solum in generatione, sed etiam in *alteratione,* et ut habet ordinem ad
transmutationem. Sic nec subiectum motus, nec muta-
tionis est scibile per se, nec scitur per se, sed in comparatione ad aliud. Sed non sequitur, quod non sit alio
modo scibile per se et secundum se; sicut ignis, ut trans-
mutatur localiter, non potest cognosci nisi per comparationem ad locum ; potest tamen cognosci alio modo, et
perfectiori, quam per comparationem ad locum. Intentio
autem Philosophi est ibi, quod, quantumcumque materia
vel subiectum cognoscatur et sit cognoscibile in se et
per se, est tamen cognoscibile in comparatione ad formam » (n. 19). « Dico igitur, quod materia, secundum
se in sua essentia, est cognoscibilis, sed *non a nobis* »
(n. 20). Ubi haec clare evincit. — Cf. *Lexic. Scotist.*
Effata, *Materia non cognoscitur,* etc.

natam, determinabilem tamen. Et sic patet, quod Pronomen significat essentiam, licet indeterminatam; significatum enim Pronominis non solum se extendit ad significata specialia, sed etiam ad significata transcendentia privationum et negationum, ut patet ex dictis. Quod enim Pronomen significat in generali, illud refert et demonstrat in speciali: sed Pronomen in speciali demonstrare et referre potest quod est ens, sive sit in anima, sive extra animam; sive fictum, sive verum; sive ens in actu, sive ens in potentia; et sic in uno sunt duo contraria, scilicet ens, et non ens; tamen non ens refert et demonstrat prout est aliquod ens secundum animam; quia *contradictoria extra animam sunt contraria secundum animam*, ut patet *IV. Metaph.* text. 9 (1).

Caput XXV.

De Modo significandi essentiali generalissimo Verbi (2).

110. **Modus significandi generalissimus Verbi.** — Modus significandi generalissimus

---

(1) Vid. Exposit. Doctoris.

(2) Cf. Doctorem *Oxon.* I. d. 32. q. 2. n. 6; III. d. 28. n. 3. — Vid. *Lexic. Scotist.* Distinct. v. *Verbum.*

essentialis Verbi est modus significandi rem per modum *esse*, et *distantis* a substantia. Ad cuius intellectum est notandum, quod licet uterque modus, scilicet *esse* et *distantis*, sit forma Verbi absolute sumpti, tamen comparando Verbum ad Participium, modus *esse* habet rationem *materiae*, respectu Verbi, quia facit Verbum cum Participio convenire; sed facere convenire est proprietas materiae (1); modus autem *distantis* habet rationem *formae*, quia facit Verbum ab omnibus aliis distare et differre. Et quia alia est ratio materiae, et alia ratio formae, ideo componendo unum cum altero, ex utroque resultat unus modus, per naturam compositionis.

111. Significatio per modum actionis — per modum habitus. — Notandum est, quod modus significandi activus per modum *esse* oritur a proprietate rei, quae est proprietas ipsius *esse*, scilicet proprietas *fluxus* et *successionis*, quae opponitur proprietati entis, quae est proprietas *habitus* et *permanentis*, ut prius dictum est (2).

112. Obiectio. — Et si dicas: esse cuiuslibet rei verbaliter significatur: non tamen

---

(1) Vid. *Lexic. Scotist.* Distinct. v. *Materia*.
(2) Num. 24.

omne ens habet esse successivum; nam esse
Dei et Intelligentiarum non est in fluxu et
successione, et tamen dicimus: *Deus est*, et:
Intelligentia est. Item generatio et corruptio,
et illuminatio aëris, non habent esse in successione; et tamen esse illorum verbaliter significatur, ut dicendo: *generatio, et corruptio, et illuminatio aëris sunt, sive fuerunt.*

Solvitur. — Dicendum, quod licet esse
Dei et Intelligentiarum non sit successivum
successione *temporis*, est tamen successivum
successione *aeternitatis* (1); et licet *aeternitas sit tota simul et perfecta possessio* (2),

---

(1) « Ad cuius intellectum sciendum est, quod verba
cuiuscumque temporis dicuntur de Deo vere... Sed, quid
significant ista verba diversorum temporum, cum dicuntur de Deo? Respondeo: magis proprie possunt dici
consignificare *nunc aeternitatis*, quam *differentias temporis*; non tamen illud nunc absolute, quia non esset
variatio tunc diversorum modorum significandi temporis,
sed inquantum coexistit partibus temporis, ut cum dicitur: Deus *genuit*, consignificatur nunc aeternitatis, ut sic
sit sensus: Deus habet actum generationis in nunc aeternitatis, inquantum illud nunc coexistebat praeterito. Deus
generat, hoc est, habet actum in nunc aeternitatis, inquantum nunc aeternitatis coexistit praesenti. Et ex hoc
patet, quod cum illud nunc vere coexistat cuilibet differentiae temporis, vere dicimus de Deo differentias omnium
temporum ». — *Oxon.* l. d. 9. n. 5-6.

(2) Vid. *Lexic. Scotist.* Distinct. v. *Aeternitas.*

secundum Boëtium; tamen, quia intelligimus ex istis inferioribus, ideo imaginamur ibi successionem et durationem aeternitatis per diversa spatia temporis.

Similiter in generatione et corruptione, licet non sit successio, quae est inter tempus et terminum temporis; quia impossibile est, quod in eodem instanti aliquod habeat esse et non esse; sed in toto tempore praeterito fuit non ens, nec est dare ultimum instans, in quo fuit non ens, sed bene est dare primum instans, in quo est ens, ut patet ex intentione Philosophi *IV. Phys.* text. 19 et 11 et deinceps (1).

Item illuminatio aëris, licet non sit successiva, prout successio causatur ex resistentia medii, tamen ibi est successio causata ex resistentia terminorum contrariorum, scilicet *a quo*, et *ad quem*.

113. — Huic autem modo Verbi, qui est modus *esse* et *successionis*, proportionatur in supposito et in obliquo modus *entis*, id est, modus habitus *permanentis.*

Item notandum, quod modus *distantis* in Verbo sumitur ab eadem proprietate rei, a qua modus *per se stantis* sumitur in No-

---

(1) Cf. Exposit. Doctor.

mine, scilicet a proprietate *essentiae deter-*
minatae (1).

114. Obiectio. — Et si instes: si a proprietate essentiae determinatae trahitur in
Verbo modus *distantis;* cum ergo Participium eamdem rem Verbi significet, quae secundum essentiam est distincta; ergo Participium modum distantis habet, quod est
falsum.

Solutio. — Ad cuius solutionem est notandum, quod in una et eadem re possunt
reperiri diversae proprietates rei, non repu-
gnantes, a quibus sumi possunt diversi modi
significandi activi, licet una vox non imponatur ei, ut stat sub omnibus illis proprietatibus, sed quandoque imponatur una vox,
ut stat sub una proprietate, quandoque alia
vox, ut stat sub alia proprietate. Verbi gratia, haec res, *albedo,* habet diversas proprietates, sub quibus possunt ei imponi diversae voces. Nam si consideretur in ea modus *entis,* qui est modus *habitus* et *per-*
manentis, sic significatur per vocem nominis
absolute. Si autem considetur in ea modus
entis, et cum hoc modus essentiae *determi-*
natae, sic significatur voce nominis *substan-*

---

(1) Vid. n. 24.

tivi, ut *albedo.* Si autem consideretur in ea modus *entis,* et cum hoc modus *inhaerentiae* alteri secundum essentiam, sic significatur in voce nominis *adiectivi,* ut *albus.* Item si consideretur in ea modus *esse,* qui est modus *fluxus* et *successionis,* et cum hoc modus essentiae *distinctae,* sic significatur *verbaliter,* ut *dealbo.* Item si consideretur in ea modus *inhaerentis secundum esse,* sic significatur *participaliter,* ut *dealbans.*

115. Differentia Verbi et Participii in significando. — Et sic patet, quod quamvis Participium significet eamdem rem, quae Verbum significat, quae secundum essentiam est distincta, tamen Participium non significat eam, ut distinctam, sed ut alteri unitam, et ideo modum *distantis* non habet.

116. Instantia. — Et si instes: a proprietate essentiae distinctae oritur modus *distantis* in Verbo, videtur quod modus *distantis* in Verbo non possit convenire omni Verbo; quia dicendo: *ens est, esse* non significat aliquid essentialiter distinctum ab omni ente, quia quod est essentialiter distinctum ab ente est non ens.

Solutio. — Dicendum est, quod licet hoc verbum *est* non significet aliquid essentialiter ab ente distinctum, attamen in ista propositione subiectum accipitur ut materia, et praedicatum ut forma, quae essentialiter differunt.

Vel dicendum est, quod licet non sit dare ens praeter hoc, vel illud; et cum omne quod est sit hoc, vel illud, quia ens est concretum, et significat duo, scilicet rem et esse, et illud esse non est ens; ideo hoc verbum *est* significat aliquid distans ab ente.

Vel aliter, licet in ista propositione significatum Verbi non differat essentialiter et secundum rem a significato suppositi, differt tamen ab eo secundum rationem, et hoc sufficit ad distantiam et diversitatem Verbi a supposito, quae sunt entia secundum rationem.

117. Verbi definitio. — *Verbum* ergo est *pars orationis significans per modum esse distantis a substantia.*

Caput XXVI.

De Modis significandi essentialibus, subalternis et specialissimis Verbi.

118. Verbum substantivum. — Sub hoc modo essentiali *generalissimo* Verbi, ad modos significandi essentiales *subalternos,* per quamdam divisionem descendamus.

Iste ergo modus *esse cum distantia,* vel sumitur *generaliter,* tanquam aliquid specificabile per esse speciale, et sic modus *esse cum distantia* constituit Verbum *substantivum*. Verbum ergo *substantivum* est, *quod significat per modum esse generaliter, specificabile per quodlibet esse speciale.* Unde etiam dicitur *substantivum*, non ex modo *per se stantis*, sed quia significat esse generale specificabile; ideo potest stare specificativum cuiuscumque specificantis ipsum.

119. **Verbum vocativum.** — Vel iste modus *esse cum distantia* sumitur generaliter respectu rei *propriae nominationis* tantum; et sic constituit Verbum *vocativum*. Verbum ergo *vocativum significat nominationem in generali, specificabilem per quamcumque nominationem propriam in speciali.*

120. **Verbum adiectivum.** — Vel iste modus *esse cum distantia* sumitur *specialiter*, prout stat in speciali pro *esse* actionis vel passionis; et sic iste modus constituit Verbum *adiectivum*. Verbum ergo *adiectivum* est, *quod actionem vel passionem significat.*

121. **Verbum activum.** — Iste modus *esse specialis* subdividitur in quatuor modos essentiales specialissimos, scilicet: in modum *actionis*, in modum *passionis*, in modum *neutri*, et in modum *utriusque*.

Modus significandi per modum esse distantis, sub modo *actionis* tantum, constituit Verbum adiectivum *activum*. Verbum ergo *adiectivum activum* est, *quod significat tantum actionem*, ut *amo, doceo*.

122. Verbum passivum. — Modus significandi per modum esse distantis, per modum *passionis* tantum, constituit Verbum adiectivum *passivum*. Verbum ergo *adiectivum passivum* est, *quod significat passionem tantum*, ut *amor, doceor*.

123. Neutrum. — Modus significandi per modum *esse* sub modo *neutri*, sive sub *privatione utriusque*, constituit Verbum *neutrum*. Verbum ergo *neutrum* est, *quod nec actionem, nec passionem significat*, ut *vivo, sto*, etc. Sicut enim aliqua *neutra* dicuntur *absoluta*, non per aliquem modum significandi, sed per privationem transitionis, sic aliquod Verbum dicitur *neutrum*, non per aliquem modum significandi, sed per *privationem* actionis, vel passionis, vel alterius.

Iuxta quod notandum est, quod Verbum *neutrum* est ab aliis specifice distinctum, non per privationem actionis, et passionis, sed per modum significandi specialem, qui est modus significandi per modum esse, ut est contractum *esse speciali*, non *esse* actionis, vel passionis, sed *esse speciali* alicuius alterius dictionis.

124. Obiectio. — Et si dicas: non est contractum *esse speciali* actionis vel passionis; ergo habebit modum *esse generalis;* et sic Verbum *neutrum* erit Verbum *substantivum,* quod est falsum.

Solutio. — Dicendum, quod licet Verbum *neutrum* non habeat modum significandi modo actionis vel passionis contractum, non tamen significat *esse* generale, ut *substantivum;* nam Verbum substantivum significat esse generale non contractum de se, sed *contrahibile.* Verbum *neutrale significat esse contractum de se, non contrahibile,* ut *vivo* significat *esse* absolute secundum *esse* vitae; et sic de aliis.

125. Verbum commune — deponens. — Modus significandi per modum *esse distantis* sub modo utriusque, scilicet actionis et passionis, constituit Verbum *commune.* Verbum ergo *commune* est, *quod significat per modum utriusque,* scilicet actionis et passionis, ut *criminor te,* et *a te.* — Verbum ergo *deponens* non potest esse distincta species ab activo et passivo, nisi per terminationem vocum, quod non est specie differre, cum plures partes orationis possint in una voce et terminatione convenire.

128. — Et notandum, quod quidam secundum hos modos, scilicet *actionis*, et *passionis*, *neutri*, et *communis*, distinguunt genera in Verbo; quod falsum est; sed per hos modos speciales, species in Verbo distinguuntur, cum non sit idem dicere, *Verbum activum*, et *activi generis*; *passivum*, *passivi generis*, etc. ut postea patebit (1).

2°. Epilogus. — Patet ergo, quod sicut *actionis* essentialis generalissimus Verbi dividitur a modos essentiales speciales; sic Verbum absolute sumptum dividitur in verba speciala. Verbum ... absolute sumptum ... in ... dividitur in Verbum ...

qui vocatur *compositio,* de quo antiqui Grammatici mentionem expresse non fecerunt,
quem tamen modum Verbo attribuunt, moti
ex dicto Philosophi *I. Periphermenias,*
cap. 3, ubi dicit quod hoc Verbum, *est, si-*
gnificat quamdam compositionem, quam
sine extremis non est intelligere; et tamen
hoc Verbum *est* in omni Verbo includitur,
tanquam radix omnium; ideo *compositio*
omni Verbo inhaeret, per quam Verbum distans a supposito ad suppositum principaliter inclinatur; et hunc modum quidam vocant *essentialem* Verbo; quod non est verum, quia non est modus essentialis *generalis-*
simus, cum Verbo non det *esse simpliciter,*
sed sit praeter eius intellectum essentialem.
Nec etiam est essentialis *specialis,* cum non
constituat aliquam *speciem* Verbi, ut de se
patet.

Item, Verbum de se significat per modum *distantis;* sed *compositio* non, quia
modus *esse inhaerentis* alteri modo *distan-*
tis quasi opponitur; ergo Verbum habet
compositionem *per accidens.* Hic autem modus sumitur a proprietate accidentali Verbi,
quae est proprietas *inhaerentis* alteri *se-*
cundum esse.

Compositio ergo est *modus significan-*
di accidentalis Verbi, mediante quo Ver-

126. — Et notandum, q[...] [...]haeren-
cundum hos modos, scilicet [...] [...]te Ver-
sionis, neutri, et commu[...] et prin-
genera in Verbo; quod fa[...] [...]ur. Licet
nes hos modos speciales, s[...] [...]cidentales
distinguuntur, cum non sit i[...] [...]en est ex
bum activum, et *activi* ge[...] [...]m supra
et *passivi generis*, etc. ut [...] [...]psam con-

127. **Epilogus.** — Pate[...] [...]personae,
modus essentialis generali
viditur in modos essenti[...] [...] composi-
Verbum absolute sumptum[...] [...]positi mo-
specialia. Verbum ergo [...] [...]us conse-
prima sui divisione div[...] [...]ti *stantis*,
substantivum, vocativu[...] [...] extremum
Verbum Adiectivum sub[...] [...] et incline-
activum, passivum, neu[...] [...]tionis prin-
[...]ipium, inter

CAPUT XX[...] [...], est *com-*
[...]ia Verbum
De modo significa[...] [...]ar ad idem,
communissi[...] [...]le modus est

128. **Compositio** Ve[...] [...]mul stet cum
de modis significandi [...] [...]a licet eidem
videamus. Iuxta quod [...] [...]tamen eodem
Verbum habet quemda[...] [...]m modus *di-*
[...]te *essentiae*

(1) Cap. **XXX.** [...]proprietate *in-*

...teri secundum esse. Nec eodem ...modus *distantis* inest Verbo per ...tio vero per accidens.

CAPUT XXVIII.

...*accidentalibus specialibus* Verbi, ...*particulari de Qualitate.*

...Accidentia Verbi septem. ——— De aliis ...*significandi accidentalibus* Verbi, qui ...quot, videamus. Et secundum Do- ...sunt septem, scilicet: *qualitas*, con- ..., *genus, numerus, figura* — *tempus,* ..., de quibus secundum ordinem vi- ..., et primo de qualitate. 130. **Qualitas Verbi.** — Iuxta ...m est, quod per *qualitatem* quod no- ...git et dat intelligere duos Donatus ...dales Verbi, scilicet *modum* modos ac ...; sicut in Nomine per *quali-* et *for-* ...ligere duos modos significan- *tem* da ...lativum et *proprium,* et scilice ...de per qualitatem, demonstrat- Prono ...tionem (1). ...onem e 131. **Modus Verbi.** — *Modus* ...accidens Verbi, sumitur a pro *p-* ...tem, u ...etate re

———
(1) Vid. Cap. XIV. et XXIII.

Verbi, quae est proprietas *qualificationis, dispositionis,* et *inclinationis* rei Verbi ad suppositionem, significans qualitatem *indicii, imperii, voti, dubii,* vel *infiniti. Modus* ergo *Verbi nihil aliud est quam modus significandi accidentalis Verbi, mediante quo proprietatem Verbi per modum indicii, imperii, voti, dubii, vel infiniti circa Verbi dependentiam ad suppositum consignificat.* Et ex his qualificationibus anima prius afficitur, quando ad enuntiandum actum de substantia inclinatur.

Inde est quod Petrus Helias (1) diffiniens *modum* dixit: *Modus est varia animi inclinatio, varios eius affectus demonstrans;* sed non quod modus sit ipsa inclinatio, sed qualitas inclinationis, non ea, qua anima inclinatur ad enuntiandum actus de substantia; sed *modus,* ut est accidens Verbi, est qualitas *compositionis,* qua Verbum inclinatur ad suppositum.

132. **Modi Verbi quinque.** — Quaedam qualitas est animae, hoc est, causata ab anima, sicut et caetera Verbi accidentia, repraesentans diversos affectus, hoc est, dispositiones animae, id est, prius existentes in anima. Et iste modus significandi, qui vocatur mo-

---

(1) Tract. *de Verbo.*

dus, est continens Verbum ratione *composi-*
tionis; compositio sequitur Verbum ratione
esse distantis; et secundum diversitatem
harum qualitatum diversificatur *modus* per
quinque differentias, scilicet: per *indicati-*
vum, imperativum, optativum, coniuncti-
vum et *infinitivum.* Dicitur autem *infiniti-*
vus, quia omnibus communis est, cum omnes
modi in ipsum resolvantur: ut dicendo, *lego,*
id est, *indico me legere; lege,* id est, *im-*
pero te legere, et sic de aliis.

133. **Correspondentia Verbi et suppositi.**
— Notandum, secundum quosdam, quod
modo finito in Verbo correspondet *casus*
simpliciter in supposito, quae est ratio principii, vel termini generaliter sumpti. Quod
non est verum, quia cum ratio *principii* sit
tantum *a parte ante,* tanquam in supposito;
et ratio *termini* sit tantum *a parte post,*
tanquam in obliquo; si modo *finito* in Verbo
corresponderet casus *simpliciter* in supposito, tunc vel ratio termini esset in supposito, vel modus determinaret dependentiam
Verbi post se in obliquo; quo posito, modus
non solum esset qualitas compositionis, qua
Verbum dependeret ante se ad suppositum,
sed etiam esset qualitas dependentiae Verbi
post se ad obliquum: sed utrumque est falsum. Unde dicendum, quod modo *finito* in

praedicatum ut forma, quae essentialiter differunt.

Vel dicendum est, quod licet non sit
dare ens praeter hoc, vel illud; et cum omne
quod est sit hoc, vel illud, quia ens est concretum, et significat duo, scilicet rem et
esse, et illud esse non est ens; ideo hoc verbum *est* significat aliquid distans ab ente.

Vel aliter, licet in ista propositione significatum Verbi non differat essentialiter
et secundum rem a significato suppositi,
differt tamen ab eo secundum rationem, et
hoc sufficit ad distantiam et diversitatem
Verbi a supposito, quae sunt entia secundum rationem.

117. Verbi definitio. — *Verbum* ergo
est *pars orationis significans per modum
esse distantis a substantia.*

Caput XXVI.

*De Modis significandi essentialibus,
subalternis et specialissimis Verbi.*

118. Verbum substantivum. — Sub hoc
modo essentiali *generalissimo* Verbi, ad
modos significandi essentiales *subalternos*,
per quamdam divisionem descendamus.

Iste ergo modus *esse cum distantia*,
vel sumitur *generaliter*, tanquam aliquid

specificabile per esse speciale, et sic modus *esse cum distantia* constituit Verbum *substantivum*. Verbum ergo *substantivum* est, *quod significat per modum esse generaliter, specificabile per quodlibet esse speciale.* Unde etiam dicitur *substantivum,* non ex modo *per se stantis,* sed quia significat esse generale specificabile; ideo potest stare specificativum cuiuscumque specificantis ipsum.

119. **Verbum vocativum.** — Vel iste modus *esse cum distantia* sumitur generaliter respectu rei *propriae nominationis* tantum; et sic constituit Verbum *vocativum.* Verbum ergo *vocativum significat nominationem in generali, specificabilem per quamcumque nominationem propriam in speciali.*

120. **Verbum adiectivum.** — Vel iste modus *esse cum distantia* sumitur *specialiter,* prout stat in speciali pro *esse* actionis vel passionis; et sic iste modus constituit Verbum *adiectivum.* Verbum ergo *adiectivum* est, *quod actionem vel passionem significat.*

121. **Verbum activum.** — Iste modus *esse specialis* subdividitur in quatuor modos essentiales specialissimos, scilicet: in modum *actionis,* in modum *passionis,* in modum *neutri,* et in modum *utriusque.*

Modus significandi per modum esse distantis, sub modo *actionis* tantum, constituit Verbum adiectivum *activum*. Verbum ergo *adiectivum activum* est, *quod significat tantum actionem*, ut *amo, doceo.*

122. Verbum passivum. — Modus significandi per modum esse distantis, per modum *passionis* tantum, constituit Verbum adiectivum *passivum*. Verbum ergo *adiectivum passivum* est, *quod significat passionem tantum*, ut *amor, doceor.*

123. Neutrum. — Modus significandi per modum *esse* sub modo *neutri,* sive sub *privatione utriusque,* constituit Verbum *neutrum.* Verbum ergo *neutrum* est, *quod nec actionem, nec passionem significat*, ut *vivo, sto,* etc. Sicut enim aliqua *neutra* dicuntur *absoluta,* non per aliquem modum significandi, sed per privationem transitionis, sic aliquod Verbum dicitur *neutrum,* non per aliquem modum significandi, sed per *privationem* actionis, vel passionis, vel alterius.

Iuxta quod notandum est, quod Verbum *neutrum* est ab aliis specifice distinctum, non per privationem actionis, et passionis, sed per modum significandi specialem, qui est modus significandi per modum *esse,* ut est contractum *esse speciali,* non *esse* actionis, vel passionis, sed *esse speciali* alicuius alterius dictionis.

124. Obiectio. — Et si dicas: non est contractum *esse speciali* actionis vel passionis; ergo habebit modum *esse generalis*; et sic Verbum *neutrum* erit Verbum *substantivum*, quod est falsum.

Solutio. — Dicendum, quod licet Verbum *neutrum* non habeat modum significandi modo actionis vel passionis contractum, non tamen significat *esse* generale, ut *substantivum*; nam Verbum substantivum significat esse generale non contractum de se, sed *contrahibile*. Verbum *neutrale significat esse contractum de se, non contrahibile,* ut *vivo* significat *esse* absolute secundum *esse* vitae; et sic de aliis.

125. Verbum commune — deponens. — Modus significandi per modum *esse distantis* sub modo utriusque, scilicet actionis et passionis, constituit Verbum *commune.* Verbum ergo *commune* est, *quod significat per modum utriusque*, scilicet actionis et passionis, ut *criminor te*, et *a te.* — Verbum ergo *deponens* non potest esse distincta species ab activo et passivo, nisi per terminationem vocum, quod non est specie differre, cum plures partes orationis possint in una voce et terminatione convenire.

126. — Et notandum, quod quidam secundum hos modos, scilicet *actionis*, et *passionis*, *neutri*, et *communis*, distinguunt
genera in Verbo; quod falsum est; sed penes hos modos speciales, *species* in Verbo
distinguuntur, cum non sit idem dicere, *Verbum activum*, et *activi generis*; *passivum*,
et *passivi generis*, etc. ut postea patebit (1).

127. Epilogus. — Patet ergo, quod sicut
modus essentialis generalissimus Verbi dividitur in modos essentiales speciales; sic
Verbum absolute sumptum dividitur in verba
specialia. Verbum ergo absolute sumptum
prima sui divisione dividitur in Verbum
substantivum, *vocativum*, et *adiectivum*.
Verbum Adiectivum subdividitur in verbum
activum, *passivum*, *neutrum*, et *commune*.

CAPUT XXVII.

De modo significandi accidentali communissimo Verbi.

128. Compositio Verbi. — Consequenter
de modis significandi *accidentalibus* Verbi
videamus. Iuxta quod notandum est, quod
Verbum habet quemdam modum significandi,

(1) Cap. XXX.

qui vocatur *compositio*, de quo antiqui Grammatici mentionem expresse non fecerunt, quem tamen modum Verbo attribuunt, moti ex dicto Philosophi *I. Periphermenias*, cap. 3, ubi dicit quod hoc Verbum, *est*, *significat quamdam compositionem, quam sine extremis non est intelligere*; et tamen hoc Verbum *est* in omni Verbo includitur, tanquam radix omnium; ideo *compositio* omni Verbo inhaeret, per quam Verbum distans a supposito ad suppositum principaliter inclinatur; et hunc modum quidam vocant *essentialem* Verbo; quod non est verum, quia non est modus essentialis *generalissimus*, cum Verbo non det *esse simpliciter*, sed sit praeter eius intellectum essentialem. Nec etiam est essentialis *specialis*, cum non constituat aliquam *speciem* Verbi, ut de se patet.

Item, Verbum de se significat per modum *distantis*; sed *compositio* non, quia modus *esse inhaerentis* alteri modo *distantis* quasi opponitur; ergo Verbum habet compositionem *per accidens*. Hic autem modus sumitur a proprietate accidentali Verbi, quae est proprietas *inhaerentis* alteri *secundum esse*.

Compositio ergo est *modus significandi accidentalis Verbi, mediante quo Ver-*

bum consignificat proprietatem inhaeren-
tis secundum esse, et quo mediante Ver-
bum distans a supposito, primo et prin-
cipaliter ad suppositum inclinatur. Licet
enim Verbum per alios modos accidentales
ad suppositum inclinetur, hoc tamen est ex
consequenti, et specialiter, inquantum supra
compositionem fundantur modi illi ipsam con-
trahentes, sicut modus *numeri*, et *personae*,
et sic de aliis.

Et huic modo Verbi, qui est *composi-*
tio, proportionatur ex parte suppositi modus *per se stantis*. Et iste modus consequitur Verbum ratione modi dicti *stantis*,
quia cum Verbum sit alterum extremum
in oratione, distans a supposito, et inclinetur ad suppositum, huius inclinationis prin-
cipale et communissimum principium, inter
ceteros modos accidentales Verbi, est *com-*
positio. Et dico *accidentales*, quia Verbum
prius per modum *esse* inclinatur ad idem,
quod habet modum *entis;* sed ille modus est
essentialis, ut dictum est.

Nec obstat si *compositio* simul stet cum
modo *distantis* in Verbo; quia licet eidem
insint, et respectu eiusdem, non tamen eodem
modo, et secundum idem; nam modus *di-*
stantis inest Verbo a proprietate *essentiae*
distinctae; sed *compositio* a proprietate *in-*

haerentis alteri secundum esse. Nec eodem modo, quia modus *distantis* inest Verbo per se, *compositio* vero per accidens.

Caput XXVIII.

De Modis accidentalibus specialibus Verbi, et in particulari de Qualitate.

129. **Accidentia Verbi septem.** — De aliis modis significandi *accidentalibus* Verbi, qui sunt, et quot, videamus. Et secundum Donatum sunt septem, scilicet: *qualitas, coniunctio, genus, numerus, figura, tempus, persona,* de quibus secundum ordinem videamus, et primo de *qualitate.*

130. **Qualitas Verbi.** — Iuxta quod notandum est, quod per *qualitatem* Donatus intelligit et dat intelligere duos modos accidentales Verbi, scilicet *modum* et *formam;* sicut in Nomine per *qualitatem* dat intelligere duos modos significandi, scilicet *appellativum* et *proprium,* et in Pronomine per *qualitatem, demonstrationem* et *relationem* (1).

131. **Modus Verbi.** — *Modus* autem, ut est accidens Verbi, sumitur a proprietate rei

---

(1) Vid. Cap. XIV. et XXIII.

Verbi, quae est proprietas *qualificationis, dispositionis*, et *inclinationis* rei Verbi ad suppositionem, significans qualitatem *indicii, imperii, voti, dubii*, vel *infiniti. Modus* ergo *Verbi nihil aliud est quam modus significandi accidentalis Verbi, mediante quo proprietatem Verbi per modum indicii, imperii, voti, dubii, vel infiniti circa Verbi dependentiam ad suppositum consignificat.* Et ex his qualificationibus anima prius afficitur, quando ad enuntiandum actum de substantia inclinatur.

Inde est quod Petrus Helias (1) diffiniens *modum* dixit: *Modus est varia animi inclinatio, varios eius affectus demonstrans;* sed non quod modus sit ipsa inclinatio, sed qualitas inclinationis, non ea, qua anima inclinatur ad enuntiandum actus de substantia; sed *modus*, ut est accidens Verbi, est qualitas *compositionis*, qua Verbum inclinatur ad suppositum.

132. **Modi Verbi quinque.** — Quaedam qualitas est animae, hoc est, causata ab anima, sicut et caetera Verbi accidentia, repraesentans diversos affectus, hoc est, dispositiones animae, id est, prius existentes in anima. Et iste modus significandi, qui vocatur *mo-*

---

(1) Tract. *de Verbo.*

dus, est continens Verbum ratione *compositionis*; compositio sequitur Verbum ratione *esse distantis*; et secundum diversitatem harum qualitatum diversificatur *modus* per quinque differentias, scilicet: per *indicativum, imperativum, optativum, coniunctivum* et *infinitivum*. Dicitur autem *infinitivus*, quia omnibus communis est, cum omnes modi in ipsum resolvantur: ut dicendo, *lego*, id est, *indico me legere; lege*, id est, *impero te legere*, et sic de aliis.

133. **Correspondentia Verbi et suppositi.** — Notandum, secundum quosdam, quod *modo finito* in Verbo correspondet *casus simpliciter* in supposito, quae est ratio principii, vel termini generaliter sumpti. Quod non est verum, quia cum ratio *principii* sit tantum *a parte ante*, tanquam in supposito; et ratio *termini* sit tantum *a parte post*, tanquam in obliquo; si modo *finito* in Verbo corresponderet casus *simpliciter* in supposito, tunc vel ratio termini esset in supposito, vel modus determinaret dependentiam Verbi post se in obliquo; quo posito, modus non solum esset qualitas compositionis, qua Verbum dependeret ante se ad suppositum, sed etiam esset qualitas dependentiae Verbi post se ad obliquum: sed utrumque est falsum. Unde dicendum, quod modo *finito* in

Verbo correspondet in supposito ratio *principii*. Sicut enim Verbum per modum *esse* exigit in supposito modum *entis per se stantis;* sic per modum, qui est qualitas *compositionis*, exigit in supposito modum *per se stantis*, in ratione *principii* se habentis.

134. Forma verbi. — *Forma*, quae est accidens Verbi, idem est, quod *species* in Nomine, et ab eadem proprietate sumpta, scilicet a modo *essendi primarie vel secundarie* (1). *Forma* ergo est *modus significandi accidentalis Verbi, mediante quo Verbum modum existendi primarium vel secundarium significat.* Et dividitur in formam *perfectam, meditativam, frequentativam, inchoativam, diminutivam,* et *desiderativam.* Per formam *perfectam* debet intelligi *species primitiva;* quia quae sunt perfectae formae sunt primitivae speciei, quia significant rem Verbi absolute, ut *lego, sorbeo, volo,* et *sum.* Sed quae sunt *inchoativae* formae, et sic de caeteris, sunt derivativae speciei; quae non significant rem Verbi absolute, sed cum quadam additione, scilicet, sub inchoatione, frequentatione, et sic de caeteris, ut *fervesco, lecturio, patrisso, sorbillo,* etc.

---

(1) Vid. c. XV.

Caput XXIX.

De Coniugatione et significatione accidentali Verbi.

135. **Coniugatio Verbi.** — Ulterius videndum est de *coniugatione*. Est autem *coniugatio modus significandi rem Verbi prout inflectitur per diversas proprietates temporum, numerorum, modorum, et personarum.* Unde habet se sicut *declinatio* in Nomine; quia sicut *declinatio* in Nomine est modus significandi rem Nominis, prout inflectitur per diversas proprietates casuum, sic *coniugatio* in Verbo est modus significandi rem Verbi, prout inflectitur per diversas proprietates temporum, numerorum, modorum, et personarum. Sed differunt, quod *declinatio* attenditur penes inflexionem *unius* accidentis, qui est casus. Ideo Donatus *declinationem* sub casu comprehendebat (1). *Coniugatio* autem attenditur penes inflexionem *plurium* accidentium; ideo sub nullo proprie et determinate potest comprehendi; et ideo inter alia accidentia Verbi numeratur. Quod autem *coniugatio* sit *prima*,

_____

(1) Vid. n. 95.

secunda, tertia, vel *quarta, consequens,* vel *inconsequens,* hoc totum a parte vocis attenditur. Et ex hoc patet, quod *sum* et *volo* habent coniugationem, licet non *primam, secundam, tertiam,* vel *quartam.*

136. Significatio accidentalis Verbi. — De significatione *accidentali,* quam Priscianus et Donatus comprehendunt sub genere Verbi, videamus. Iuxta quod sciendum, quod significatio sumitur a proprietate rei Verbi, quae est proprietas dependentiae ad quemlibet *obliquum post se,* habentem se in ratione per se standi. *Significatio* ergo *accidentalis* est *modus significandi accidentalis Verbi, mediante quo Verbum significat proprietatem dependentiae ad quemlibet obliquum post se.* Sicut enim *compositio* est modus significandi, mediante quo Verbum primo et principaliter dependet ad quemlibet *suppositum ante se;* ita *significatio* est modus significandi, mediante quo Verbum primo et principaliter dependet ad quemlibet *obliquum post se.*

Et hoc patet per Petrum Heliam, qui per *significationem accidentalem* vult intelligere modum *transeuntis,* id est, modum *dependentis* ad quemlibet obliquum post se. Et huic modo significandi proportionatur modus *entis per se stantis* a parte post in obliquo. Nam sicut Verbum per *composi-tionem* exigit modum *entis per se stantis* in quolibet supposito a parte ante; sic Verbum per *significationem accidentalem* exigit modum *entis per se stantis* in quolibet obliquo. Vocatur autem iste modus *significatio*, quia ipsa mediante Verbum repraesentat proprietatem immediate supra significatum Verbi fundatam. Et dicitur *accidentalis*, quia non est *essentialis*, *generalis*, nec *specialis*, ut dictum est de *compositione* (1).

Caput XXX.

De Genere accidentali Verbi.

137. **Genus Verbi.** — Consequenter de *genere* videamus. *Genus* in Verbo sumitur a proprietate rei Verbi, quae est proprietas *dependentiae* rei Verbi, *post se ad obliquum*, sub ratione termini *non contracti*, sed *contrahibilis*. *Genus* ergo *in Verbo* est *modus significandi accidentalis Verbi*, *mediante quo proprietatem dependentiae rei Verbi post se ad obliquum, sub ratione termini, significat.* Et hoc patet per Petrum Heliam, qui deffinit genus per signi-

---

(1) N. 128.

ficationem accidentalem, sic dicens: *Genus est significatio accidentalis cum determinatione in o vel* or; dans intelligere per *significationem accidentalem*, modum significativum *transeuntis*, ut dictum est, id est, *dependentiae* ad quemlibet obliquum *post se*. Per determinationem in *o* vel in *or*, dat. intelligere species generis, quarum diversitas maxime attenditur penes vocis terminationem, secundum Grammaticos, ut patebit.

Notandum, quod haec definitio generis non est *formalis*, sed *materialis. Genus* enim non est formaliter *significatio*, quia unus modus non est alius, sed *genus* est quasi qualitas *significationis* determinans sive *specificans significationem.* Sicut enim se habet modus Verbi ad *compositionem*, sic se habet *genus* ad *significationem*. Sed *modus* Verbi non est formaliter *compositio*, vel *inclinatio*, sed qualitas *compositionis*, vel *inclinationis*, ut dictum est (1). Sic *genus* non est formaliter *significatio*, sed qualitas *significationis* ipsam contrahens et disponens.

Item, sicut *modus* consequitur Verbum ratione *compositionis*, sic *genus* consequitur Verbum ratione *significationis.* Et vo-

_____

(1) N. 131.

catur iste modus significandi *genus,* a *ge-nerando* dictum, quia vox unius generis *generatur* a voce alterius generis, ut vox *passiva* generata a voce *activa.*

138. **Unde habet Verbum quod sit activum vel passivum vel neutrum.** — Quod autem aliquod Verbum sit generis *activi,* vel *passivi,* vel *neutri,* et sic de *caeteris,* hoc maxime a parte vocis attenditur. Et hoc etiam patet per Donatum, qui tali modo deffinit genus *activum,* dicens quod *genus activum* est *quod desinit in* o, *et potest accipere* r *super* o, *et facere ex se passivum.* Et quia Verbum per vocis terminationem non magis determinat sibi actionem quam passionem, ideo dubium est, quare Verbum sub terminatione vocis in o magis debet esse *activi* generis, quam *passivi,* et sic de caeteris. Unde dicendum est, quod, cum genus Verbi sit ratio significandi dependentiam rei Verbi post se ad obliquum sub ratione termini, ut dictum est (1); et cum huiusmodi dependentia sit aliquando *actione* coniuncta, ut *amo te ;* et aliquando *passione* coniuncta, ut *amor a te ;* aliquando tam *actione,* quam *passione* coniuncta, ut *criminor, amplector ;* aliquando neutro, ut *spiro, vivo ;*

---

(1) N. 137.

aliquando *actione* coniuncta, deposita *passione*, aut e converso, ut *loquor, irascor;* inde est quod quoddam genus est *activum,* quoddam *passivum,* et sic de caeteris. Sed oportet praeter hoc ad vocis terminationem attendere, si velimus genera Verborum servare.

139. **Verbum activum.** — Dicendum ergo quod illud Verbum est *activum, seu activi generis, quod sub terminatione vocis in* o, *potest mutari in* r, *et frequentius actionem significat,* ut *amo, lego.* Et dicitur *frequentius,* propter ista verba, *timeo, liceo, metuo,* et huiusmodi, quae sub voce *activa* modum *passionis* significant.

140. **Passivum.** — Verbum *passivi generis* est, *quod sub terminatione vocis in* r, *potest mutari in* o, *et frequentius passionem significat,* ut *amor, legor.* Et dico *frequentius,* propter *liceor,* et huiusmodi, quae sub voce *passiva actionem* significant.

141. **Neutrum.** — Verbum *neutri generis* est, *quod sub terminatione vocis in* o, *non potest mutari in* r, *et sub indifferentia, vel indeterminatione, actionem vel passionem significat,* ut *curro, ferveo, vivo:* ita quod respiciendo ad omnia verba *neutri* generis, quaedam significant *actionem* tantum, ut *curro;* quaedam *passio-*

nem tantum, ut *ferveo;* quaedam neutrum, ut *sto, vivo.*

142. Deponens. — Verbum *deponentis generis* est, *quod sub terminatione vocis in* r *non potest mutari in* o, *et consignificat actionem, deposita passione;* ut *luctor, loquor, sequor, vereor, lucror, laetor, fruor,* et alia multa eius generis; vel *passionem,* deposita *actione,* quorum solum duo inveniuntur, *patior* scilicet, et *nascor,* et non differunt a praedictis generibus, nisi penes vocis terminationem.

143. Commune. — Verbum *communis generis* est, *quod sub terminatione vocis in* r *non potest mutari in* o, *et consignificat actionem et passionem simul;* quorum novem inveniuntur, scilicet: *criminor, amplector, osculor, interpretor, moror, veneror, largior, experior, hortor,* et alia nonnulla *deponentia,* quae apud Auctores etiam inveniuntur in passiva significatione, ut *comitor,* etc.

Et notandum, quod sicut modo finito Verbi correspondet ratio principii *in supposito,* sic generi Verbo correspondet ratio principii *in obliquo.*

144. Epilogus. — Ex dictis concludo, quod Verbum, praeter *numerum* et *personam,* habet tot modos significandi respecti-

vos, quibus dependet *post se ad obliquum*, quot habet, quibus dependet *ante se ad suppositum*, secundum similitudinum se habentes. Quod patet, quia sicut Verbum per modum *esse* requirit modum *entis* in supposito, sic per eumdem modum *esse* exigit modum *entis* in obliquo. Et sicut Verbum *per compositionem* exigit *per se stantis* in supposito, sic per *significationem accidentalem* exigit modum *per se stantis* in obliquo.

Item, sicut Verbum per modum *distantis* exigit modum *per se stantis* pro supposito, ita per eumdem modum *esse* exigit modum *entis* in obliquo. Et sicut Verbum per modum *compositionis* exigit modum *entis per se stantis* in ratione principii in supposito, sic per modum *generis* exigit modum *entis per se stantis* in ratione termini in obliquo. Item, sicut Verbum per modos proportionales casibus modo Verbi superadditos, exigit in supposito rationem principii, aliter et aliter coniunctam, et ex consequenti aliud et aliud suppositum; sic etiam Verbum per modos proportionales casibus generi Verbi superadditos exigit in obliquo rationem termini, aliter et aliter coniunctam, et ex consequenti alium et alium obliquum.

Notandum ergo, quod inter modos significandi Verbi, quibus dependet *ante se ad suppositum,* modus dependendi ad Nominativum videtur esse principalis. Unde constructio intransitiva Verbi cum Nominativo *a parte ante* maxime videtur esse intransitiva, quae potior est aliis; et quia sola perfecta sit inter alios modos transeundi et dependendi; et *a parte post,* ad obliquum modum dependendi et transeundi ad *activum,* videtur esse principalis. Unde et constructio transitiva Verbi et Participii cum *activo* maxime videtur esse transitiva; quae maxime est evidens inter alias constructiones transitivas. Et hoc attendentes Grammatici, posuerunt quaedam verba transitiva dictum modum transeuntis habentia, ut *amo, lego;* quaedam autem absoluta, id est, huiusmodi dependentia et transitione privata, ut *sto, curro, vivo, ambulo, sedeo, spiro,* et huiusmodi.

Caput XXXI.

De Persona, Numero et Figura Verbi.

145. Undenam mutuet Verbum personam et numerum? — De *persona, numero* et *figura* in Verbo dicendum est sicut in Nomine (1). Nam ab eisdem proprietatibus

---

(1) Vid. cap. XVIII seqq.

sumuntur utrobique, licet differenter, quia *numerus* et *persona* insunt Verbo, non ex proprietate suae rei per se loquendo, sed ex proprietate rei *suppositi;* quod patet de *persona.* Nam *persona* est *modus significandi, quo mediante Verbum proprietatem loquendi consignificat non inhaerentem de se, sed ut res Verbi applicabilis est rei suppositi subsistentis per se secundum proprietates loquendi.* Unde *persona* inest Verbo ex aptitudine attribuendi supposito secundum variam attributionem.

146. **Verbi persona.** — *Persona* autem Verbi distinguitur per triplicem differentiam, scilicet *: primam, secundam,* et *tertiam.* Unde illud Verbum dicimus esse *primae personae* attributum, quod est applicabile supposito, prouti stat sub proprietate loquendi de se, et sic de aliis. Et ex hoc sequitur, quod illud Verbum est nullius *personae,* quod supposito sub certo modo loquendi non est applicabile. Et eodem modo dicendum est de *numero,* et *figura,* etc.

Caput XXXII.

De Tempore Verbi.

147. **Tempus praesens, praeteritum, futurum.** — Ultimo de *tempore* dicendum est.

Iuxta quod est sciendum, quod sicut in re *extra*, tempus consequitur ipsum modum *esse,* sicut mensura mensuratum; sic modus temporis secundum *esse rationis* consequitur modum *esse,* qui est modus *fluxus* et *successionis.*

Tempus ergo, ut est accidens Verbi, est *modus significandi accidentalis Verbi, quo mediante Verbum, citra rem, modum temporis consignificat.* Et secundum diversitatem huiusmodi, vel proprietatis, *tempus* per tres differentias distinguitur, scilicet: per *praesens, praeteritum* et *futurum* — Tempus *praesens* est *modus significandi rem Verbi, prout cadit sub differentiam praesentis temporis.* — Tempus *praeteritum* est *modus significandi rem Verbi, prout cadit sub differentiam praeteriti temporis.* — Tempus *futurum* est *modus significandi rem Verbi, prout cadit sub differentiam futuri temporis.*

148. Obiectio. — Et si instetur: *Deus est; Deus intelligit:* tamen *esse* et *intelligere Dei* non cadit sub aliquam differentiam temporis; ergo non semper Verbum modum et differentiam temporis requirit.

Solutio. — Respondetur, quod licet *esse* et *intelligere* Dei non cadant sub aliquam differentiam temporis, tamen cadunt sub aliquam differentiam *aeternitatis*, secundum nostram apprehensionem, ut dictum est superius (1).

149. Notandum, quod *tempus* non est accidens *respectivum* Verbi, cum secundum ipsum non dependeat *ante se* ad suppositum, nec *post se* ad obliquum. Potest tamen respectu Adverbiorum temporalium dici accidens respectivum; quia incongrue dicitur, *fortasse Socrates currit cras*, vel *Plato disputat heri.*

Et sic patent modi significandi Verbi *essentiales*, et *accidentales* declarativi, qui sunt, et quot sunt, et a quibus proprietatibus oriuntur.

Caput XXXIII.

De modo significandi generalissimo Adverbii.

150. Adverbium. — Modus significandi essentialis generalissimus *Adverbii* est modus significandi per modum *adiacentis* alteri, per modum *esse*, significans ipsum simpliciter et absolute determinans. Et quia *Participium* significat per modum *esse*, sicut *Verbum*, ideo *Adverbium* determinat Par-

---

(1) N. 112.

ticipium, sicut Verbum (1). Licet *Adverbium* dicatur *Adiectivum Verbi*, secundum Priscianum, hoc est ideo, quia *Adverbium*, secundum omnes species eius, determinat Verbum, sed non Participium; quia *Adverbia* determinantia Verba genera *compositionis*, et genera sui modi, qui est qualitas compositionis, Participia determinare non possunt, cum Participium compositionem et modum Verbi non habeat. Et sumitur iste modus determinantis a proprietate *terminantis in re*. Adverbium ergo est *pars orationis, significans per modum adiacentis alteri, quod per modum esse significat ipsum* esse *absolute determinans.*

Et notandum, quod *Adverbium*, de suo modo significandi essentiali generalissimo, tantum determinat ea, quae per modum *esse* significat; licet de aliquo modo essentiali, speciali, et accidentali, possit alia determinare, ut patet de Adverbiis *exclusivis*, quae sunt *tantummodo*, *solummodo*, et huiusmodi; quae, propter modum significandi per modum excludentis, possunt determinare omne illud, quod habet se per modum *exclusibilis*.

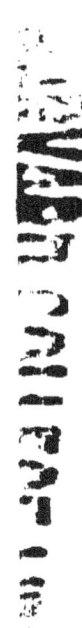

---

(1) « Adverbium enim, nisi habeat participium vel verbum, semper est truncata locutio, sive incongrua ». — *Oxon.* IV. d. 50. q. 6. n. 10.

Sed modum exclusibilis non habent solum Verba, vel Participia, sed etiam Nomina, et aliae partes orationis habent ipsum; ideo ista Adverbia, per huiusmodi modum essentialem specialem, habent etiam alia a Verbo, et a Participio determinare; ut dicendo: *homo tantummodo legit.* Similiter dicendo, *tunc temporis*, Adverbium, *tunc*, propter modum significandi accidentalem, qui est modus *ut alterius*, construitur cum Genitivo habente se per modum *ut alterius;* et sic de aliis.

Caput XXXIV.

De modis significandi essentialibus subalternis Adverbii.

151. **Modi essentiales subalterni Adverbii duo.** — Sub modo essentiali generalissimo *Adverbii* duo modi essentiales *subalterni* continentur. Quorum primus est modus significandi per modum determinantis Verbum, vel Participium ratione *significati.* Secundus modus est modus significandi per modum determinantis Verbum, vel Participium ratione *modi significandi.* Et hos duos modos Donatus appellat *significationem Adverbii.* Nam sicut per *qualitatem* in Nomine

dat intelligere modum *communis*, et *appropriati* (1); per *qualitatem* in Pronomine, demonstrationem et relationem (2); per *qualitatem* in Verbo, modum et formam (3); sic per *significationem* in Adverbio, dat intelligere duos modos essentiales subalternos mediatos.

152. **Significatio duplex.** — Et notandum est, quod duplex est *significatio:* una qua vox refertur ad esse, et per quam vox formaliter fit *dictio*, ut prius dictum est; et hoc est essentiale cuilibet parti. Nam quaelibet pars orationis aggregat in se tria, scilicet: *vocem, significationem*, et *modum* significandi. Alia est significatio, quae idem est, quod *modus significandi;* et haec est alia in Adverbio, alia in Participio, et alia in Interiectione, qui modi significandi sunt. Quis autem modus sit *significatio* in Participio, et Interiectione, postea patebit.

153. **Adverbii significatio.** — *Significatio in Adverbio*, ut dictum est, est *modus significandi, quo mediante Adverbium repraesentat specialem modum determinandi Verbum, vel Participium, aut ratione si-*

---

(1) Vid. n. 66.
(2) Vid. n. 106.
(3) Vid. n. 130.

gnificati, aut ratione modi significandi.
Unde *significatio* non est modus *accidentalis*
Adverbio, sed *essentialis specialis*, nisi pro
tanto dicatur *accidentalis*, quia est extra
rationem Adverbii absolute, ut prius dictum
est de qualitate Pronominis in Pronomine.

Caput XXXV.

De modis essentialibus specialissimis Ad-
verbii ex parte, rei significatae, et ex
parte modi significandi.

154. **Adverbii divisio.** — Sub his duobus
modis subalternis *Adverbii,* ad modos essentiales *specialissimos* descendamus. Primus est modus significandi per modum determinantis Verbum, vel Participium ratione
rei significatae; et dividitur in quatuor species essentiales, quatuor species Adverbiorum constituentes, quae sunt Adverbia *loci,*
qualitatis, quantitatis, vocandi.

155. **Adverbium loci.** — Adverbium *loci*
est quod determinat rem Verbi ratione *loci.*
Et hoc dupliciter: vel per modum *requiren-*
tis locum, vel *respondentis* ad locum. Si per
modum *requirentis,* hoc est quadrupliciter:
vel est *in quo,* et sic est *ubi;* vel *a quo,*
et sic est *unde;* vel *ad quem,* et sic est *quo;*

vel *per quem,* et sic est *qua.* Si per modum
respondentis ad locum, sic sunt ista Adverbia: *hic, ibi, illic, inde, intus,* et huiusmodi.

156. **Quantitatis.** — Adverbium *quantitatis* significat per modum determinantis rem
Verbi vel Participii ratione *mensurae con-
tinuae,* vel *discretae* (1). Et sub hac specie
comprehenduntur Adverbia *separandi,* ut
seorsum, retrorsum, et huiusmodi. Et hoc
vel per modum *requirentis* mensuram, ut
quoties, quantum; vel per modum *respondentis* mensuram, et sic sunt ista Adverbia:
*multum, parum, modicum, minimum, mi-
nime, semel, bis, ter, quater.*

Et notandum, quod Donatus appellat Adverbium *quantitatis* discretae *adverbium
numeri,* non quod determinet Verbum, vel
Participium ratione *numeri,* cum etiam possit determinare aliquod Verbum quod nullius est numeri, ut dicendo: *legere semel,* vel
amare bis, ter, quater; sed ideo dicitur determinare Verbum ratione *numeri,* quia determinat rem Verbi ratione mensurae *discretae,* cuius species est *numerus;* vel ideo
quia repraesentat rem Verbi esse *iteratam;*
et sic sunt ista Adverbia, *bis, ter, quater;*
vel repraesentat rem Verbi esse *iteratione*

---

(1) Vid. *Lexic. Scotist.* Distinct. v. *Quantitas,* etc.

privatam, ut *semel*. Ex unitate enim multoties iterata numerus causatur (1); propterea
a Donato *adverbium numeri* nuncupatur.

157. **Qualitatis.** — Adverbium *qualitatis* significat per modum determinantis rem
Verbi vel Participii ratione *qualitatis* (2); et
hoc dupliciter: vel per modum *requirentis*
rem Verbi, ut *qualiter*, *quomodo*; vel per
modum *respondentis ad qualitatem*, ut *do-
cte*, *prudenter*.

158. **Vocandi.** — Adverbium *vocandi* est
quod Verbum ratione actus *exercitandi* determinat, prout ad ipsum resolvitur substantia vocativi vocata, ut, *o Henrice, lege*.

159. **Subdivisio.** — Secundus modus significandi per modum *determinantis* rem Verbi
vel Participii ratione modorum significandi
dividitur in tres modos, scilicet: in modum significandi per modum determinantis Verbum
vel Participium ratione *compositionis*; et in
modum significandi per modum determinantia Verbum ratione *temporis*; et in modum
significandi per modum determinantis Verbum ratione *qualitatis* sive modi; qui dicuntur *indicativum*, *optativum*, *imperativum*, etc.

---

(1) Vid. *Lexic. Scotist.* Distinct. v. *Numerus*.
(2) Vid. ib. v. *Qualitas*.

160. **Alia Adverbii subdivisio.** — Modus significandi per modum determinantis Verbum ratione *compositionis* est modus significandi per modum *determinantis inhaerentiam Verbi;* et subdividitur in quatuordecim modos specialissimos, quatuordecim species Adverbiorum constituentes, quae sunt Adverbia *interrogandi, dubitandi, affirmandi, negandi, modificandi, demonstrandi, ordinis, similitudinis, eventus, prohibendi, eligendi, congregandi, residendi, excludendi.* Adverbia *interrogandi* determinant inhaerentiam Verbi sub. ratione *requirentis causam,* ut *cur, quare,* et huiusmodi. Adverbia *dubitandi* determinant inhaerentiam Verbi sub ratione *dubitationis,* ut *forsan, forsitan,* etc. Adverbia *affirmandi* determinant inhaerentiam Verbi ratione *affirmationis,* vel assensus, ut *etiam, certe,* et huiusmodi. Adverbia *negandi* determinant inhaerentiam Verbi sub ratione *negationis,* ut *haud, non, neque.* Adverbia *jurandi* sub istis duobus modis continentur. Adverbium *modificandi* determinat inhaerentiam Verbi sub ratione *necessitatis, contingentiae, possibilitatis,* vel *impossibilitatis;* et sic intelligitur suo modo de aliis. Nam Adverbia habent fere idem pro significato, et pro modo significandi, sicut hoc Adverbium, *forte,* de suo significato speciali

importat eventum, et significat per modum
eventus; et ideo cognito significato speciali,
cognoscitur et modus significandi, quia non
discrepant nisi penes rationem, sicut *abso-*
lutum et *comparativum.*

161. Modus significandi per modum determinantis verbum ratione *modi,* qui est
qualitas inclinationis, subdividitur in duos
modos specialissimos, duas species Adverbiorum constituentes, quae sunt Adverbia
optandi, et *hortandi.*

Adverbia *hortandi* determinant inhaerentiam Verbi sub ratione *exhortationis* ex-
primendae, ut *eia, age.* Adverbium *optandi*
determinat inhaerentiam Verbi sub ratione
voti, vel *desiderii,* ut *utinam.*

Modus significandi per modum determinantis Verbum sub ratione *temporis* subdividitur in duos modos speciales, duas species Adverbiorum constituentes, scilicet: Adverbium temporis *interrogativum,* et *re-*
sponsivum. Adverbium temporis *interroga-*
tivum significat per modum determinantis
Verbum sub ratione temporis, per modum
inquirentis tempus, ut *quando?* Adverbium
temporis *responsivum* significat per modum
determinantis inhaerentiam Verbi ratione
temporis, sub modo respondentis, ut *nunc,*
nuper, *hodie.*

Et notandum quod nulla species Adverbii determinat Verbum sub ratione modi significandi essentialis *generalissimi* ipsius Verbi; sed sub ratione modorum *specialium*, vel *accidentalium*, ut visum est.

Et notandum, quod Donatus posuit quaedam Adverbia specialia *personalia;* quae tamen Adverbia non sunt, nec Verbum ratione personae determinant; quia etiam possunt adiungi Verbis, quae sunt nullius personae, ut dicendo: *legitur mecum, amatur tecum.* Unde dicendum, quod secundum Priscianum, sunt pronomina cum praepositione per apostropham prolata, et transitive cum Verbis *a parte post* constructa. Sic etiam patet, quod sicut modus *essentialis generalissimus* Adverbii dividitur in modos *subalternos*, ad modos *specialissimos* descendendo, sic pari modo Adverbium simpliciter sumptum dividitur in Adverbia specialia.

162. **Epilogus.** — Dividitur autem Adverbium, primo in Adverbium *determinans* Verbum ratione *significati*, et in Adverbium determinans Verbum ratione modi *significandi*. Adverbium determinans Verbum ratione *significati* subdividitur in Adverbium *loci*, *quantitatis*, *qualitatis*, et *vocandi*.

Item Adverbium determinans Verbum ratione modi *significandi* subdividitur in Ad-

verbium determinans Verbum ratione *compo-sitionis*, ratione *modi*, et ratione *temporis*.

Item Adverbium determinans Verbum ratione *compositionis* subdividitur in Adverbium *interrogandi, dubitandi, affirmandi, negandi, modificandi, ordinis, similitudinis, eventus, prohibendi, eligendi, congregandi, demonstrandi, residendi, excludendi*.

Item Adverbium determinans Verbum ratione *modi* subdividitur in Adverbium *hortandi* et *optandi*.

Item Adverbium determinans Verbum ratione *temporis* subdividitur in Adverbium *requirens tempus*, et Adverbium *respondens tempus*, de quibus omnibus dictum est.

De *comparatione, specie* et *figura* dicendum est hic sicut in Nomine (1).

Et sic patent modi significandi essentiales et accidentales Adverbii, qui sunt, et quot sunt, et a quibus proprietatibus sumuntur.

Caput XXXVI.

De modo significandi essentiali generalissimo Participii.

163. Participium. — Modus significandi essentialis generalissimus *Participii* est mo-

---

(1) Vid. c. XVI et XVIII.

dus significandi per modum *esse indistantis* a substantia. Circa quod notandum, quod modus *esse* in Participio et in Verbo ab eadem rei proprietate oritur, quae est proprietas *fluxus* et *successionis;* et in hoc modo Participium a Verbo non discrepat (1).

Modus autem *indistantis* a substantia, seu modus *uniti* substantiae, sumitur ab eadem rei proprietate in Participio, a qua sumitur modus *adiacentis* in Nomine, et *compositio* in Verbo; et haec est proprietas *inhaerentis alteri secundum esse.* Et non est inconveniens ab eadem rei proprietate modos significandi diversos, non oppositos, oriri, cum modi significandi oppositi in eadem voce possint fundari. Et per hunc modum significandi, Participium a Verbo distinguitur, et per ipsum Participium in suum suppositum in constructione et in situ collocatur.

Participium ergo est *pars orationis significans per modum esse indistantis a substantia, sive* uniti *cum substantia,* quod idem est. Et dicitur *participium,* quasi *partem* Nominis, et partem Verbi *capiens;* non partem *essentialem,* id est, modum *essen-*

---

(1) Vid. c. XXV.

tialem utriusque, ut quidam dicunt, quod Participium significat per modum *entis*, et per modum *esse*, quod falsum est; quia tunc Participium non esset ab utroque distinctum specifice, quod est inconveniens. Sed pro tanto dicitur Participium capere partem Nominis et Verbi, quia habet quosdam modos significandi *accidentales* modis accidentalibus Nominis et Verbi consimiles, ut statim apparebit.

Caput XXXVII.

De modis significandi essentialibus subalternis et specialissimis Participii.

164. **Participii divisio subalterna.** — Sub modo essentiali generalissimo Participii ad modos *subalternos* descendamus. Dividitur autem modus *esse indistantis* in tres modos subalternos. Primus modus est modus significandi per modum *esse generaliter respectu cuiuslibet esse specialis*. Et hic modus constituit Participium *substantivum*, ut *ens, existens.* — Secundus est modus significandi per modum *esse generalis, respectu nominationis propriae tantum.* Et hic modus constituit participium *vocativum*, ut *nominans, vocans.* — Tertius est modus si-

gnificandi per modum *esse specialis actionis,* vel *passionis.* Et hic modus constituit Participium *adiectivum.*

165. **Participii adiectivi divisio.** — Et subdividitur iste modus esse specialis actionis vel passionis in quatuor modos essentiales *specialissimos.* Primus est modus significandi per modum *actionis tantum;* et hic modus constituit Participium ab *activo* descendens, ut *legens, amans.* — Secundus modus est modus significandi per modum *passionis tantum;* et hic modus constituit Participium a Verbo *passivo* descendens, ut *amatus, lectus.* — Tertius est modus significandi per modum *neutrius;* et huiusmodi modus constituit Participium a verbo *neutro* descendens, ut *stans, currens.* — Quartus est modus significandi per modum utriusque simul; et hic modus constituit Participium a Verbo *communi* descendens, ut *criminans, criminatus,* et huiusmodi.

166. **Epilogus.** — Et sic patet, quod sicut modus essentialis generalissimus Participii dividitur in modos subalternos, ad specialissimos descendendo, sic etiam Participium, simpliciter sumptum, dividitur in Participium *substantivum,* et *adiectivum,* et *vocativum.* Adiectivum subdividitur in *activum, passivum, neutrum,* et *commune.*

CAPUT XXXVIII.

De modis significandi accidentalibus Participii.

167. **Participii significatio.** — Consequenter de modis significandi *accidentalibus* Participii videamus. Sunt autem, secundum Donatum, sex accidentia Participii, scilicet: *significatio, genus, tempus, numerus, figura, casus.* Significatio in Participio, secundum Grammaticos, idem est, quod *genus* in Verbo, et ab eadem proprietate sumitur. *Genus* autem in Verbo, ut dictum est (1), est modus significandi per modum *dependentiae* Verbi ad obliquum *post se,* in ratione termini; et hoc idem est *significatio* in Participio.

Ex hoc sequitur, quod quemcumque modum significandi Verbum exigit post se in obliquo, ratione *generis,* eumdem exigit Participium post se in obliquo, ratione *significationis;* et hic modus est modus significandi in ratione termini absolute, et non contracti, tamen contrahitur, ut dictum est de Verbo (2). Quod autem aliquod Participium

_____

(1) Num. 137.
(2) Cap. XXV.

sit significationis activae, vel passivae, et sic de aliis, hoc totum de parte vocis attenditur.

168. Participii genus — numerus — figura — casus — persona — tempus. — De *genere, numero, figura, casu, et persona,* sicut in Nomine dictum est (1), intelligitur hic; et de *tempore* eodem modo intelligitur hic, sicut dictum est de Verbo (2). Sed tamen notandum, quod Nomina adiectiva, et Pronomina, quae tot sunt Adiectiva, et Participia adiectiva, habent *casus, numerum, genus,* et *personas,* non ex parte *suae* rei, per se loquendo, sed ex parte rei *subiectae.* Nam, significatum istorum non stat per se sub proprietate *agendi,* vel *patiendi,* a qua oritur *genus;* nec stat per se sub proprietate *unius,* vel *plurium,* a qua sumitur *numerus,* cum accidentia numerentur ad numerationem subiectorum; nec etiam stat per se sub proprietate *termini,* vel *principii,* a qua oritur *casus;* non enim tali dependentia constructio enuntiatur et terminatur; nec etiam stat per se sub proprietate *loquendi,* a qua oritur persona; sed res subiecti per se sub istis proprietatibus consistit. Unde dicta accidentia insunt eis per attributionem sui ad

---

(1) Cap. XVI seqq.
(2) Cap. XXXII.

subiectum; et ideo etiam huiusmodi Adiectiva requirunt dicta accidentia in subiectis, non per modos significandi proportionales, sed similes; scilicet: simile *genus*, similem *numerum*, similèm *personam* requirunt, ut postea patebit.

Et sic patent modi significandi Participii *essentiales*, et *accidentales*, qui sunt, et quot sunt, et a quibus proprietatibus oriuntur.

169. Participii significatum. — De significato Participii hoc intelligendum est, quod intelligitur de significato cuiuslibet termini concreti accidentis, quod quidam ponunt aggregatum ex utroque, scilicet ex accidente et subiecto; et quidam ponunt illud solum esse accidens, sub modo dependentis ad ipsum subectum; alii ponunt aggregatum formaliter esse, tamen per rationem accidentis. Et quia omnes istae positiones habent forte defensores, ideo de significato Participii diputantibus relinquantur.

CAPUT XXXIX.

De modo significandi Coniunctionis tam essentiali generalissimo, quam subalterno specialissimo.

170. Coniunctio. — Modus significandi *essentialis Coniunctionis generalissimus* est

modus significandi per modum *coniungentis duo extrema*. Et sumitur iste modus significandi a proprietate coniungentis et unientis in rebus extra. *Coniunctio* ergo est *pars orationis, per modum coniungentis duo extrema significans*.

171. Coniunctionis modi subalterni. — Sub modo *essentiali generalissimo Coniunctionis*, ad modos *subalternos*, per divisionem descendamus. Dividitur autem iste modus *coniungentis duo extrema* in modum coniungentis duo extrema *per vim*, et in modum coniungentis duo extrema *per ordinem*. Et hos duos modos Donatus appellat *potestates*. Et habet se similiter *potestas* in Coniunctione, sicut *significatio* in Adverbio. Nam sicut *significatio* in Adverbio consistit in speciali modo *determinandi* (1), sic *potestas* in Coniunctione consistit in speciali modo *coniungendi*. Et istiusmodi modus est modus coniungendi *per vim*, et *per ordinem*. Ex hoc patet, quod *potestas* in Coniunctione non est modus significandi *accidentalis*, nisi pro tanto, quia est extra rationem Coniunctionis simpliciter et absolute sumptae, ut dictum est de significatione in Adverbio.

---

(1) Vid. cap. XXXIV.

172. Coniunctio per vim — copulativa — disiunctiva. — Modus significandi per modum *coniungentis duo extrema per vim* est *modus significandi, uniendi duo extrema, quae inter se dependentiam non habent,* ut duo substantiva, vel duo adiectiva, vel duas orationes, inter se ordinem non habentes. Et dividitur in duos modos essentiales *specialissimos.* Quorum primus est *modus significandi per modum coniungentis duo extrema inter se, et respectu alicuius tertii.* Et iste modus constituit Coniunctiones *copulativas.* — Secundus modus est *modus significandi per modum coniungentis duo extrema inter se, distinguendo ea respectu tertii.* Et hic modus constituit Coniunctiones *disiunctivas,* de quibus Boëtius dicit, quod *Coniunctio disiunctiva sentit hoc, quod ea quae coniungit, simul esse non permittit.*

173. Coniunctio per ordinem — causalis — rationalis — expletiva. — Item modus significandi per modum coniungentis duo extrema *secundum ordinem* est modus unientis duo extrema per ordinem inclinata. Et dividitur in duos modos essentiales *specialissimos.* Quorum primus est *modus significandi per modum coniungentis duo extrema secundum ordinem ex parte ante se tenentia.* Et hic modus constituit Coniunctiones

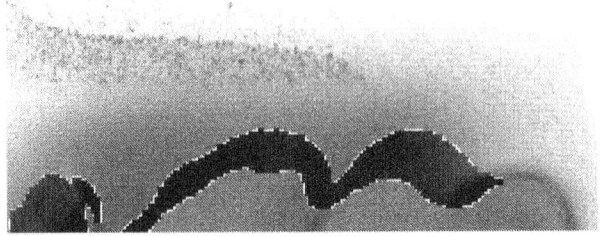

causales, quae se tenent ex parte antecedentis, quod est causa consequentis, dicendo sic:
Socrates currit; ergo movetur. — Secundus
est *modus significandi per modum coniun-*
gentis duo extrema secundum ordinem
ex parte consequentis se habentia. Et hic
modus constituit Coniunctiones *rationales;*
et bene *rationales* dicuntur, quia magis se
tenent ad partem *consequentis,* cuius *ratio*
dependet ab antecedente, ut dicendo: *terra*
interponitur inter solem et lunam; ergo
luna eclipsatur.

174. Epilogus. — Et est notandum, quod
quaedam Coniunctiones dicuntur *expletivae,*
quae secundum veritatem non sunt Coniunctiones, quia non *coniungunt*, sed tantum coniuncta *ornant,* et in sermone non sumuntur
propter necessitatem, sed propter ornatum.
Si autem eas Coniunctiones *expletivas* volumus includere in speciebus Coniunctionis,
hoc modo sufficientiam harum specierum
sumamus: omnis Coniunctio aut *coniungit*
duo extrema, aut duo extrema coniuncta *or-*
nat. Si coniungit, hoc est dupliciter: aut *per*
vim, aut *per ordinem.* Si *per vim,* hoc est
dupliciter: aut *coniungit* aliquid inter se et
respectu tertii, et sic sunt *coniunctivae;* aut
coniungit aliquid inter se, *distinguendo re-*
spectu tertii, et sic sunt Coniunctiones *dis-*

iunctivae. Si *per ordinem,* hoc est dupliciter: aut Coniunctio se tenet ex parte *an-*
tecedentis, et sic sunt *causales;* aut magis
ad consequens, et sic sunt *rationales.* —
Si autem Coniunctio extrema non coniungit,
sed coniuncta *adornat,* sic tunc sunt Coniunctiones *expletivae,* quia extra plenum sensum orationis sunt positae.

Et sic patet, quod sicut modus significandi essentialis generalissimus dividitur in
duos modos *speciales,* ad *specialissimos* descendendo, sic dividitur Coniunctio simpliciter
sumpta in coniunctionem coniungentem *per*
vim, et coniunctionem coniungentem *per or-*
dinem. Coniunctio *per vim* coniungens dividitur in coniunctionem *copulativam,* et *dis-*
iunctivam. Item Coniunctio coniungens *per*
ordinem dividitur in coniunctionem *causa-*
lem et *rationalem.*

Caput XL.

De modis significandi accidentalibus
Coniunctionis.

175. Coniunctionis species — figura — ordo.
— Consequenter de modis significandi *acci-*
dentalibus Coniunctionis videamus; qui sunt
tres, scilicet: *species, figura* et *ordo.* De *spe-*

cie et figura in Coniunctione idem sicut in Nomine (1) dicendum est; ab eisdem enim proprietatibus sumuntur utrobique. *Ordo* in Coniunctione sumitur ab ordine in rebus ab extra.

Est enim *ordo* in Coniunctione *modus significandi activus, quo mediante Coniunctio ordinem extremorum consignificat;* ratione cuius ordinis aut Coniunctio praeponitur tantum, aut postponitur, aut indifferenter praeponitur et postponitur extremis coniunctis.

Et sic patent modi significandi Coniunctionis qui sunt, et quot sunt, et unde oriantur.

CAPUT XLI.

De modo significandi essentiali generalissimo Praepositionis.

176. **Praepositio.** — Modus significandi *essentialis generalissimus Praepositionis* est modus significandi per modum *adiacentis alteri casuali* ipsum contrahens, et ad actum retorquens. Et iste modus Praepositionis sumitur a proprietate *determinationis,* et *coarctationis* in rebus.

---

(1) Cap. XV et XVIII.

Et est notandum, quod *Praepositio* non est inventa propter verba vehementis transitionis, ut quidam dicunt; hoc enim non videtur grammatice dictum, cum Grammaticus velocem vel tardam transitionem non consideret. Item quaedam verba Praepositiones exigunt, quae tamen nullam habent transitionem, nec velocem, nec tardam, ut dicendo, *sum in domo.* Item dicendo, *annulus ex auro;* nomen *annulus* exigit Praepositionem, non tamen ullam transitionem habet, ut patet de se.

Unde dicendum est, quod *Praepositio* inventa est finaliter propter *casuale*, non quodcumque, sed quod est *Accusativus*, et *Ablativus.* Nam, sicuti dictum est de Nomine (1), quod Accusativus est modus significandi *ut quem*, contrahibilis per modum *ut ad quem, in quem, prope quem*, et *iuxta quem*, et sic de aliis; similiter Ablativus est modus significandi per modum *ut quo*, contrahibilis *ut a quo*, et *in quo*, et *sine quo*, et huiusmodi; talis autem coarctatio *casualis* fit per praepositiones *Accusativo* casui, vel *Ablativo* deservientes; unde Praepositio inventa est, ut primo modum *casualem contrahat* et *coarctet;* et deinde casualem

_____

(1) Cap. XIX.

ad actum reducat. Per hoc enim quod Praepositio casuale coarctat et contrahit, Praepositio casuale ad actum reducit, et sufficien-
ter disponit, ut cum actu construatur et sumatur. Hic sumitur *actus* pro constructibili
dependenti ad casuale, non enim dependens
ad casuale, mediante Praepositione, semper
est actus, licet ut frequenter.

Est ergo *Praepositio* pars orationis, *significans per modum adiacentis alteri casuali, ipsum contrahens, et ad actum re-
ducens* (1), etc.

Caput XLII.

*De modis significandi tam subalternis,
quam specialissimis Praepositionis.*

177. Praepositionis divisio. — Sub hoc
autem modo *generalissimo* Praepositionis,
ad modos *subalternos* per quamdam divisionem descendamus. Dividitur autem iste
modus generalissimus Praepositionis in tres
modos subalternos: quorum primus est mo-

---

(1) « Praepositio cum suo casuali aequipollet adver-
biali determinationi, et potest construi cum infinitivo si-
gnificante terminum potentiae ». — *Oxon.* II. d. 3. q. 8.
n. 14.

dus significandi per modum contrahentis et retorquentis *Accusativum* tantum. — Secundus modus est modus significandi per modum contrahentis et retorquentis *Ablativum* tantum. — Tertius modus est modus significandi per modum contrahentis et retorquentis *Accusativum et Ablativum,* scilicet utrumque indifferenter.

Et hos tres modos essentiales subalternos vocat Donatus *casum Praepositionis.* Et habet se similiter *casus* in Praepositione, sicut *significatio* in Adverbio, et *potestas* in Coniunctione. Nam sicut *significatio* in Adverbio consistit in modo speciali *determinandi,* et *potestas* in Coniunctione in speciali modo *coniungendi,* sic *casus* in Praepositione consistit in speciali modo *contrahendi* et *retorquendi.* Et hoc tripliciter variatur, ut dictum est; et ex hoc patet, quod *casus* non est accidens Praepositionis, nisi secundum quod dictum est de *significatione* in Adverbio (1), et de *potestate* in Coniunctione (2).

Item, primus modus significandi, scilicet, per modum contrahentis *Accusativum,* dividitur in *triginta* modos *specialissimos,*

---

(1) Vid. n. 153.
(2) Vid. n. 171.

triginta species *specialissimas* Praepositionis constituentes, quae sunt *apud, ante,* etc. quae diversos habent modos *contrahendi casuale,* licet in his non inveniatur pluralitas individuorum, sed quot sunt species, tot sunt individua.

Secundus modus significandi, scilicet modus contrahentis *Ablativum* tantum, subdividitur in *quindecim* modos *specialissimos,* quindecim species *specialissimas* Praepositionis constituentes; quae sunt, *a, ab, absque,* etc. De quibus idem est dicendum sicut prius.

Tertius modus significandi, scilicet per modum contrahentis *utrumque casuale,* subdividitur in quatuor modos *specialissimos, quatuor* species Praepositionis constituentes, quae sunt, *in, sub, super,* et *subter.*

178. Epilogus. — Et sic patet, quod sicut modus significandi *essentialis generalissimus* Praepositionis dividitur in modos *subalternos,* ad *specialissimos* descendendo, sic Praepositio simpliciter sumpta dividitur in Praepositiones deservientes *Accusativo* tantum, et in Praepositiones deservientes *Ablativo* tantum, et in Praepositiones deservientes utrique.

Item Praepositiones deservientes *Accusativo* tantum dividuntur in triginta species;

et Praepositiones deservientes *Ablativo* tantum in quindecim species; et Praepositiones deservientes utrique in quatuor species, de quibus omnibus visum est.

179. **Praepositionis etymologia.** — Notandum, quod cum *Praepositio* dicatur a *praeponendo,* quod secundum Grammaticos dicitur praeponi partibus orationis dupliciter: uno modo per *appositionem,* cum Praepositio servat sibi vim divisionis, et manet Praepositio per eius modum significandi essentialem generalissimum. Et haec est vera Praepositio, et ab aliis partibus orationis distincta. Alio modo praeponitur partibus orationis per *compositionem;* tunc non manet per se dictio, nec pars orationis; sed cadit in vim dictionis, cum qua componitur; et tunc Praepositio non retrahit, nec retorquet, sed complet, aut mutat, aut minuit.

180. **Praepositionis cum partibus compositio.** — Praepositio autem dupliciter componitur cum partibus: uno modo *separabiliter,* ita quod praeter compositionem potest dictionibus adiungi, et a dictionibus separari, et sub proprio modo stare. Alio modo *inseparabiliter;* et sic non meretur dici Praepositio, nisi valde improprie, propter quamdam similitudinem, quam habet cum Praepositione in compositione. Nam sicut Praepositio in com-

positione complet, aut mutat, aut minuit, sic etiam istae, ut *distraho, reprobo, regredior,* et huiusmodi.

Et ultimo est notandum, quod Praepositiones in compositione non sunt verae Praepositiones, quia per se nihil significant, cum non sint per se dictiones, nec etiam per se modum significandi habent; sed adduntur aliis dictionibus tamquam syllabicae adiectiones, ut *met, pte,* et huiusmodi. Quare autem habitudo vel circumstantia causarum attribuitur Praepositioni, hoc magis fortasse ex significatione constructibilium extremorum elicitur. Nam Praepositio extra compositionem, si per se proferatur, nulla circumstantia causarum per eam exprimitur, nec de vi vocis, nec de vi significati, nec de vi alterius modi significandi.

Et sic patent modi significandi Praepositionis, qui sunt, et quot sunt, et a quibus proprietatibus sumantur.

CAPUT XLIII.

De modo significandi essentiali generalissimo Interiectionis.

181. Interiectio. — Modus significandi *essentialis generalissimus Interiectionis* est

modus significandi per modum determinantis alterum, quod est Verbum, vel Participium, *affectiones animi repraesentans.* Nam
cum anima afficitur motu *doloris, gaudii,
metus,* et huiusmodi, hoc per Interiectiones
exprimitur. Unde *Interiectio* determinat Verbum, vel Participium, non simpliciter, sed in
comparatione ad animam, eius *affectum
exprimens.*

Interiectio ergo est *pars orationis significans per modum determinantis alterum, quod est Verbum, vel Participium,
affectus vel motus animae repraesentans.*
Et hoc voluit Donatus significare, cum dixit,
quod *Interiectio est pars orationis significans mentis affectum, voce incognita;* id
est, conceptum mentis sub voce non delibe-
rata, sed quasi abrupte prolata.

CAPUT XLIV.

*De modis significandi specialissimis,
et de sufficientia divisionis Interiectionis.*

182. **Interiectionis divisio.** — Sub hoc modo
essentiali generalissimo *Interiectionis,* ad
modos *specialissimos* descendamus. Dividitur
autem ille modus in quatuor modos *speciales.*

Primus est modus significandi Interiectionis per modum determinantis alterum,

motum *doloris*, vel *tristitiae* in anima repraesentans. Et iste modus constituit Interiectionem *doloris*, ut *heu!* . . .

Secundus modus est modus significandi
per modum determinantis alterum, motum
gaudii vel *laetitiae* in anima repraesentans.
Et iste modus constituit Interiectionem *laetitiae*, ut *evax!* et huiusmodi.

Tertius modus est modus significandi
per modum determinantis alterum, motum
admirationis in anima repraesentans. Et hic
modus constituit Interiectionem *admirationis*, ut *papae!* et huiusmodi.

Quartus modus est modus significandi
per modum determinantis alterum, motum
terroris, vel *metum* repraesentans. Et iste
modus constituit Interiectiones *metus*, ut
deeh! at! et similia.

Et hos quatuor modos specialissimos essentiales Interiectionis Donatus sub *significatione* comprehendit; et habetur eodem modo
significatio ad Interiectionem, sicut *significatio* ad Adverbium (1), et *potestas* ad Coniunctionem (2), et *casus* ad Praepositionem (3).
Sicut enim *significatio* in Adverbio consistit

---

(1) Vid. n. 153.
(2) Vid. n. 171.
(3) Vid. n. 177.

in speciali modo *determinandi*, et *potestas* in
Coniunctione in speciali modo *coniungendi*,
et *casus* in Praepositione in speciali modo
contrahendi; sic *significatio* Interiectionis
consistit in speciali modo *determinandi, specialem motum in anima repraesentans.* Et
hoc consistit in quatuor modis, ut visum est.
Et ideo *significatio* non est accidens Interiectionis, nisi sicut visum est de aliis.

183. **Ratio praedictae divisionis.** — Sufficientia istarum specierum sic potest accipi:
cum interiectio determinat Verbum, et exprimit motus et affectiones in anima, potest
ergo anima moveri circa *convenientia*, vel
circa *non convenientia*, vel circa *medio
modo* se habentia. Si circa convenientia, sic
sunt Interiectiones *laetitiae;* si circa non convenientia, hoc est dupliciter: vel cadunt sub
tempus praesens, et sic sunt Interiectiones
doloris; vel sub futurum, et sic sunt Interiectiones *metus*, quia de praesenti dolemus,
et de futuro timemus; si autem anima afficitur circa *medio modo* se habentia, sic
sunt Interiectiones *admirationis.*

Notandum ergo est, quod Interiectiones,
et aliae partes indeclinabiles, non tot modos
significandi habent, quot partes declinabiles,
quia significatum partium indeclinabilium
paucis subsistit proprietatibus, sed significa-

tio partium declinabilium multis : ideo pau-
ciores sunt modi significandi partibus inde-
clinabilibus, quam declinabilibus.'

Et sic patent modi significandi Interiectionis, qui sunt, et quot sunt, et unde
oriantur.

Et haec de modis significandi essentialibus et accidentalibus octo partium orationis, prout ad Etymologiam spectant, dicta
sufficiant.

Caput XLV.

De tribus passionibus octo partium
orationis in generali.

184. Orationis passiones. — Habito de modis significandi octo partium orationis, sub
ratione, qua sunt principium *formale* partium sermonis, secundum quem modum pertinent ad *Etymologiam*, consequenter de
ipsis dicamus prout sunt principium *efficiens
intrinsecum* constructionis, et aliarum passionum sermonis, secundum quem modum
pertinent ad *Diasyntheticam*; et hoc nihil
aliud est, quam applicare eos ad *constructionem, congruitatem,* et *perfectionem,*
ostendendo qui modi significandi, quarum
constructionum, congruitatum, perfectionum,

sunt principia. De his ergo tribus passionibus determinemus.

185. **Principium materiale Constructionis.**
— Primo earum principia in generali videamus. Sunt autem quatuor principia essentia-
lia *construendi* sermonem congrue et per-
fecte, scilicet: *materiale, formale, efficiens,*
et *finale.* Principium *materiale* construendi
sunt constructibilia; quia sicut se habet subiectum ad accidens, sic se habent constructibilia ad constructionem: sed subiectum est materia accidentis, nam accidens non habet materiam *ex qua,* sed *in qua* (1); ergo constructibilia sunt materia constructionis. Et unius
constructionis non sunt plura, vel pauciora
duobus; quia, ut patebit, constructio causatur *ex dependentia unius constructibilis*
ad alterum: sed una dependentia non est
nisi duorum, scilicet: *dependentis,* et *deter-*
minantis; ergo unius constructionis non sunt
nisi duo constructibilia principalia, scilicet:
dependens, et *terminans.*

Et ex hoc patet error dicentium hanc
constructionem esse unam: *homo albus cur-*
rit bene. Nam hic sunt diversa dependentia:
una, qua Adiectivum dependet ad Substantivum: alia, qua Verbum dependet ad sup-

---

(1) Vid. *Lexic. Scotist.* Distinct. v. *Accidens,* etc.

positum: tertia, qua determinans dependet ad determinabile; ergo non erit hic una constructio. Similiter cum dicitur: *Socrates percutit Platonem;* hic propter diversas dependentias Verbi ad suppositum *ante se,* et ad obliquum *post se,* non potest esse una constructio, ut de se patet.

186. **Formale.** — Principium *formale* constructionis est unio constructibilium; hoc enim est forma rei, per quod res habet esse (1): sed constructio habet esse per constructibilium unionem; ergo constructibilium unio est forma constructionis.

187. **Efficiens intrinsecum — extrinsecum.** — Principium *efficiens* constructionis est duplex, scilicet: *extrinsecum,* et *intrinsecum.* *Intrinsecum* sunt modi significandi respectivi, ratione quorum vel unum constructibile est ad alterum *dependens,* vel alterius dependentiam *determinans;* a quibus modis significandi respectivis abstrahuntur duo modi significandi generales, scilicet: modus *dependendi* in uno constructibili, et modus dependentiam *terminans* in altero constructibili.

Et hi modi significandi dicuntur *efficere* constructionem, pro tanto, quia praeparant

---

(1) Vid. *Lexic. Scotist.* Distinct. v. *For.na,* etc.

et disponunt constructibilia ad actualem unionem, quae fit per intellectum; licet quaedam magis remote, et quaedam magis propinque, ut patebit in sequentibus. Et dicuntur modi significandi principium *intrinsecum*, quasi *inter* constructibilia *manentes*.

Sed principium efficiens *extrinsecum* est intellectus, qui constructibilia per modos significandi disposita et praeparata actu unit in constructione et sermone. Constructibilia enim, qualitercumque summe disponantur ad unionem per suos modos significandi, nunquam tamen unum constructibile actu se alteri unit; sed hoc fit per intellectum, ut dictum est. Et dicitur intellectus principium *extrinsecum*, quasi *extra* constructibilia *manens*.

188. Finale. — Principium *finale* est expressio mentis conceptus compositi. Quia, ut dicitur *V. Metaph.* text. 21, *Finis est, gratia cuius aliquid fit* (1): sed constructio partium orationis fit gratia expressionis mentis conceptus compositi; ergo expressio mentis conceptus compositi est finis constructionis. Unde Philosophus *I. Perihermenias* cap. 1. dicit, quod *ea quae sunt in voce,*

---

(1) Vid. Exposition. Doctoris; et *Lexic. Scotist.* Distinct. v. *Finis,* etc.

id est, voces significativae in prolatione, qua-
les sunt orationes Grammaticae, *sunt notae
passionum earum, quae sunt in anima* (1):
scilicet signa conceptus mentis, vel animae:
signum autem est finaliter propter significatum; ergo constructio vel oratio in Grammatica est finaliter propter exprimendum
mentis conceptum.

Caput XLVI.

*De natura constructionis in se,
via definitionis.*

189. **Constructionis definitio.** — Consequenter videamus de istis tribus passionibus
in speciali; et primo de *constructione,* secundo de *congruitate,* et tertio de *perfectione,* quia constructio est potior congruitate, et
congruitas prior perfectione, ut patebit.

Ad cognoscendum naturam *constructionis* in se, et in suis partibus subiectivis, notandum est, quod constructio est quoddam
incomplexum univocum. Secundum autem
Boëtium, incomplexum univocum habet duplicem cognitionem, scilicet: per *definitionem,*
qua res cognoscitur secundum sui *esse;* et

---

(1) Vid. Doctor. Super *I Periherm.* q. 2.

per *divisionem,* qua res cognoscitur secundum sui *posse.* Ad definitionem ergo constructionis, et ad eius divisionem procedamus. Definitur ergo constructio sic : *Constructio est constructibilium unio, ex modis significandi, et intellectus causata, ad exprimendum mentis conceptum compositum finaliter adinventa.*

Ad cuius intellectum est notándum, quod definitio dat causam innotescendi et cognoscendi rem (1), ut habetur *VI. Topicorum,* cap. 1. Sed res cognoscitur per suas causas, ex quibus habet esse; ergo per suas causas habet definiri. Ex hoc sequitur, quod aliquid sufficientius cognoscitur, cum per suas causas omnes cognoscitur, quam quando cognoscitur per quasdam eius causas tantum, ut patet ex intentione Philosophi *VI. Metaph.* text. 1. *et deinceps* (2). Sed praedicta definitio aggregat in se omnes causas constructionis; nam per ly *constructibilium* tangitur causa materialis; per ly *unio,* causa *formalis;* per ly *ex modis significandi causata* causa efficiens *intrinseca;* per ly *ab intellectu causata* causa efficiens *extrinseca;* per ly *ad exprimendum mentis conceptum* tan-

---

(1) Vid. *Lexic. Scotist.* Distinct. v. *Definitio.*
(2) Vid. Exposition. Doctoris.

gitur causa *finalis;* ergo dicta definitio est sufficiens.

Caput XLVII.

De constructione in suis partibus via divisionis.

190. Constructionis divisio. — Visa natura constructionis in via *definitionis,* consequenter eius natura videamus in suis partibus, via *divisionis,* secundum omnes Grammaticos. Prima divisio constructionis est haec: constructionum alia *transitiva,* alia *intransitiva.* Et ista divisio est sufficiens, quia ad has duas differentias reducuntur omnes constructionum species. Nam *retransitiva,* et *reciproca* ad transitivam reducuntur, ut postea patebit (1).

191. Huius divisionis ratio. — Ad intellectum membrorum huius divisionis est notandum, quod in omni genere est dare *primum,* quod est *metrum* et *mensura* aliorum, ut scribitur *X. Metaph.* Com. 7. (2). Est ergo in genere constructibilium dare primum *constructibile;* et si est dare primum, etiam erit dare *secundum,* quia pri-

---

(1) Num. 193.
(2) Vid. Exposition. Doctoris.

mum et secundum sunt differentia ordinis.
Et illud est in omni constructione constructibile *primum*, quod *post se* dependet *ad
obliquum;* illud vero *secundum*, quod *ante
se* dependet *ad suppositum.* Illud est etiam
secundum, quod dependet *ad determinabile.* Et ratio horum est, quia illud, quod
post se dependet *ad obliquum*, dependet ad
ipsum ut ad *terminum* et *ultimum;* quod
autem *ante se* dependet *ad suppositum* dependet ad ipsum ut ad *principium* et ad
primum; quod autem dependet ad suum
determinabile dependet ad aliquid prius
se; determinatio autem, et dispositio rei, est
posterior ipsa re.

Item notandum, quod cum omnis constructio requirat duo constructibilia, oportet
unum esse *dependens*, et alterum dependentiam *terminans;* quod sic probatur: quia
illa duo constructibilia, ex quibus fit constructio, aut ambo dependent; aut ambo dependentiam terminant; aut unum dependet,
et alterum dependentiam terminat: sed non
possunt ambo dependere, quia dependens
accipitur ut quid in potentia: sed ex duobus
entibus in potentia non fit aliquid unum, ut
dicitur *VII. Metaph.* text. Com. 56 (1); ergo

---

(1) Vid. Exposition. Doctoris.

ex duobus dependentibus non fit constructio.
— Item, si ambo dependerent, mutuo dependerent: sed quae mutuo dependent sunt simul natura; et alia non sunt secundum prius, et posterius ordinata; dictum est enim quod constructibilium est ordo secundum prius et posterius; ergo etc. — Item, constructibilia non possunt ambo *terminare*, quia terminans, ut est terminans, est ens in actu: sed ex duobus entibus in actu non fit tertium; ergo non possunt ambo terminare. — Relinquitur ergo, quod constructibilium unum sit *dependens*, alterum vero dependentiam *terminans*. Nam sicut ex materia et forma, quorum unum est *in actu*, alterum vero *in potentia*, fit per se compositum in natura; sic ex ratione dependendi et terminandi fit per se constructio in sermone. Illud autem constructibile est dependens, quod ratione alicuius modi significandi tantum *petit* vel *exigit*; illud vero constructibile est terminans, quod ratione alicuius modi significandi tantum *dat*, vel *concedit*, etc.

192. **Epilogus.** — **Constructio intransitiva** — transitiva. — Resumo ergo quod dictum est, quod in omni constructione est *primum* constructibile, et *secundum*. Aut ergo secundum dependet ad primum, aut primum dependet ad secundum, secundo per sui depen-

dentiam a primo recedente. Si *secundum dependet ad primum*, sic est constructio *intransitiva*. *Constructio* ergo *intransitiva* est *constructio, in qua secundum constructibile, per suos modos significandi, dependet ad primum*; ut dicendo, *Socrates currit*, hoc verbum *currit*, quod est constructibile *secundum* in hac constructione, dependet ad *suppositum*, quod est *primum* constructibile. Item dicendo, *Socrates legit bene*, hoc adverbium *bene*, quod est *secundum* constructibile in ista constructione, dependet ad *verbum*, quod est *primum* constructibile.

Si autem primum constructibile dependet ad *secundum*, secundo non dependente ad primum, sed ad aliud a primo diversum, sic est *transitiva*. *Constructio* ergo *transitiva* est *in qua primum constructibile, per suos modos significandi, dependet ad secundum, secundo per eius dependentiam a primo recedente, si dependens fuerit.* Et dico, *si dependens fuerit*, quia in hac constructione quandoque constructibile dependentiam non habet, sed solum primi constructibilis dependentiam terminat; ut sic dicendo: *percutio Socratem*. Quandoque autem secundum constructibile dependentiam habet, ut sic dicendo: *video legentem librum*, hoc Participium *legentem*, in ista constructione cum hoc, quod dependentiam verbi terminat ante se, quod est primum constructibile in hac oratione, etiam dependet ad obliquum post se, quod est diversum a constructibili primo.

193. **Constructio reciproca — retransitiva.** — Ex istis patet, quod constructio *reciproca*, et *retransitiva*, sub *transitivâ* continentur. Nam constructio *reciproca* transitiva est, ut dicendo: *Socrates diligit se ;* quia hoc constructibile primum dependet ad secundum, secundo non dependente ad primum, sed ad aliud, si dependet. Item *retransitiva* est ex duobus transitivis composita, ut dicendo: *Socrates rogat me, ut diligam eum ;* ideo sub transitiva continetur.

194. **Constructionis transitivae et intransitivae etymologia.** — Et sciendum, quod istae duae differentiae, *transitivum* et *intransitivum,* sumuntur in constructionibus metaphorice, id est, per quamdam similitudinem *transitus* realis. Nam aliquis dicitur realiter *transire,* quando transit *de uno loco ad alium a primo diversum.* Cum autem quis procedit ad aliquem terminum primum, et *in isto manet, inde non divertens,* tunc dicitur *non transire.* Sic in constructione *intransitiva,* quia dependentia unius, id est, posterioris constructibilis, vadit ad primum, inde *non*

transiens, ideo *intransitiva* dicitur, ut: *So-crates currit;* in constructione vero *tran-sitiva,* dependentia posterioris non vadit ad primum, sed *transit* ad aliud diversum a primo, ideo *transitiva* merito nuncupatur.

Notandum ulterius, quod in constructione *intransitiva* posterius constructibile, dependens ad primum, aliquo modo nititur identificari cum eo. In constructione autem *transitiva* posterius constructibile non dependet ad primum, sed per suam dependentiam a primo recedens, aliquo modo nititur diversificari ab eo. Et inde est, quod antiqui Grammatici dantes definitiones constructionis transitivae, et intransitivae, dabant eas per *idem,* et *diversum,* dicentes, *Constructionem intransitivam* esse illam, in qua constructibilia pertinent ad *idem,* vel tanquam ad idem videntur pertinere; *Constructionem* autem *transitivam* esse illam, in qua constructibilia pertinent ad *diversa,* vel videntur pertinere ad diversa.

Illud autem debet intelligi modo, quo dictum est; quia pro tanto constructibilia in constructione *intransitiva* dicuntur pertinere ad idem, quia posterius constructibile, per suum modum significandi, dependens ad primum, aliquo modo nititur identificari cum eo. Pro tanto etiam constructibilia in constructione *transitiva* dicuntur pertinere ad diversa, quia posterius constructibile, per suam dependentiam a primo constructibili recedens, aliquo modo nititur diversificari cum eo, vel ab eo.

Et sic patet, quid est constructio *transitiva*, et *intransitiva*, et quare sic nominatur.

Caput XLVIII.

De divisione constructionis intransitivae per actus, et personas, et specialiter de intransitiva actuum.

195. Constructio intransitiva actuum — personarum. — Viso de constructione *transitiva* et *intransitiva*, consequenter descendamus ad suas species. Dividitur autem constructio intransitiva in constructionem intransitivam *actuum*, et constructionem intransitivam *personarum*. Constructio intransitiva *actuum* est *in qua constructibile dependens per modum actus significat*, ut dicendo: *Socrates currit.* — Constructio intransitiva *personarum* est *in qua constructibile dependens significat per modum substantiae, vel quomodolibet aliter*, ut dicendo: *Socrates albus currit bene.* Unde sub his ulterius descendamus.

Iuxta quod notandum est, quod cum constructio *intransitiva actuum* sit constructio *suppositi* cum *apposito*, et *intransitiva personarum* sit *determinabilis* cum *determinatione*, ideo secundum diversitatem suppositorum, et diversitatem determinantium, diversificatur constructio intransitiva *actuum* et *personarum*.

Iuxta quod notandum, et primum de constructione intransitiva *actuum*, quod in omni constructione perfecta requiruntur duo extrema, secundum situm distantia, scilicet: *suppositum*, et *appositum*. Et cum appositum significet per modum distantis a supposito secundum situm, ideo supposito addi non potest sine medio. Tale autem medium est ipsa compositio, ut dictum est de Verbo; et ideo compositio in huiusmodi dependentia maxime est Verbo necessaria. Ex quo patet, quod omne Verbum requirit suppositum, sive sit personale, sive impersonale, sive finitum, sive infinitum. Non tamen idem, sed aliud et aliud, secundum quod compositio cum modo Verbi fuerit aliter et aliter contracta, modo significandi casui proportionabili.

196. **Epilogus.** — Resumo ergo quod dictum est, quod cum constructio intransiva *actuum* sit constructio *suppositi* cum *ap-*

posito; et cum nihil *supponat,* nisi *casus,* vel habens casum, ideo secundum diversitatem casus supponentis, diversificatur constructio intransitiva *actuum.* Aut ergo Nominativus casus supponit, ut dicendo: *Socrates currit;* aut Genitivus casus supponit, ut dicendo: *Socratis interest;* aut Dativus casus supponit, ut dicendo: *Socrati accidit;* aut Accusativus supponit, ut dicendo: *Socratem legere oportet;* aut Ablativus casus supponit, ut dicendo: *a Socrate legitur.* Vocativus autem supponere non potest, cum sibi ratio principii repugnet, ut visum est supra de Nomine (1).

Caput XLIX.

De principiis congruitatis constructionis intransitivae actuum.

197. **Congruitatis principia Nominativi.** — Principia *congruitatis* circa singulas partes iam dictas assignare possumus. Notandum ergo primo, quod congruitatis principia constructionis Verbi personalis cum supposito Nominativi casus sunt sex modi significandi in *apposito dependenti,* quibus conformantur

_____

(1) Num. 91.

sex in *supposito terminanti;* nam in apposito est modus *esse,* cui in supposito correspondet modus *entis.* Secundo, in apposito est *compositio,* cui in supposito correspondet modus *per se stantis.* Tertio, in apposito est modus *verbi,* cui in supposito correspondet ratio *principii.* Et hi modi significandi sunt utrobique principium *remotum* et *commune* huius *congruitatis.* Quarto, in apposito dependenti est modus, scilicet, *ut ipsum est alterum,* cui correspondet in supposito *ut quod est alterum.* Quinto, est convenientia *numeri* in utroque. Sexto, convenientia *personae* in utroque. Et ista sunt principia specialia, et approbata.

198. **Genitivi.** — Principia autem *congruitatis* intransitivi suppositi Genitivi casus cum apposito, ut dicendo, *sui interest,* loquendo de principiis *remotis,* et *communibus,* sunt eadem, quae erant in praedicta constructione, scilicet: ex parte Verbi dependentis *ante se* modus *esse,* et *compositio,* et modus *Verbi;* quibus conformatur in supposito terminanti modus *entis,* et modus *per se stantis,* et ratio *principii* simpliciter sumpta. Principia autem *propria,* vel propinqua, sunt duo modi conformes, scilicet: ex parte dependentis, modus *ut alterius;* ex parte terminantis, modus *ut cuius.*

199. Dativi. — Principia congruitatis *constructionis* intransitivae, in qua Dativus supponit, ut dicendo, *Socrati accidit,* accipiendo principia *remota* et *communia,* sunt eadem quae in praedictis. Sed *propria* et specialia principia sunt duo modi conformes, scilicet: modus *ut alteri*, ex parte dependentis; et modus *ut cui*, ex parte terminantis.

200. Accusativi. — Principia autem *congruitatis* constructionis intransitivae, in qua Accusativus casus supponit, ut dicendo, *me legere, Socratem oportet scribere,* sumendo principia *remota,* sunt eadem quae in praedictis. Sed principia *propria* specialissima sunt duo modi conformes; nam in apposito dependenti est modus *Verbi* simpliciter sumptus, id est, modo speciali, casui conformi, non contractus, nec contrahibilis; et in supposito est ratio *principii* actus simpliciter, et non contracta, nec contrahibilis.

201. Ablativi. — Principia *congruitatis* constructionis intransitivae, in qua Ablativus supponit, ut dicendo, *a Socrate legitur,* remota sunt eadem, quae in praedictis. Sed principia *propria* sunt duo modi conformes, scilicet: modus *ut ab aliquo* in apposito, et modus *ut a quo* in supposito.

202. Notanda. — Et nota, quod omnes istae constructiones Verbi impersonalis a parte ante, cum obliquis, fiunt per modos proportionabiles, et non per modos convenientes. Non enim requiritur in istis constructionibus convenientia *numeri* et *personae.* Unde sub quocumque *numero* praedicta Verba possunt respicere sua supposita, ut dicendo, *me oportet, oportet te, oportet illum,* et eodem modo intelligatur in aliis; et per hoc dicuntur *impersonalia,* quasi *numero* et *persona* privata.

Et sciendum, quod licet tam verba personalia, quam impersonalia construantur cum obliquis, hoc tamen est differenter; quia verba *personalia* construuntur cum obliquis transitive *a parte post* solum; sed verba *impersonalia* construuntur tam *a parte ante* intransitive, quam *a parte post.*

CAPUT L.

De Constructione intransitiva personarum in speciali, et principiis congruitatis ipsius.

203. **Constructio intransitiva personarum.** — Dicto de constructione intransitiva *actuum,* quomodo diversificatur, secundum diversitatem *suppositorum,* consequenter videndum est de constructione intransitiva *personarum*

determinati, cum determinatione, quomodo variatur, seu diversificatur secundum diversitatem *determinationum*.

204. **Eius divisio**. — Iuxta quod notandum, quod quidquid invenitur in sermone perfecto, vel est *suppositum*, vel *appositum*, vel *aliquid ab utroque diversum*, tamen ad aliquod illorum ordinatum, vel est *determinatio* alicuius horum trium; et haec omnia inveniuntur in oratione quae subsequitur: *Summa doctrina Tulli Rhetoris instruit subtiliter artem Rhetoricam.*

Cum ergo determinabilis cum determinatione diversificatur secundum diversitatem determinationum, aut ergo determinatio additur *supposito*, vel *apposito*, vel *differenti* ab utroque. Si determinatio addatur supposito, hoc est dupliciter: vel haec determinatio est *declinabilis*, vel *indeclinabilis*. Si declinabilis, hoc est quadrupliciter; quia vel ista determinatio declinabilis est Adiectivum *denominativum*, vel est Adiectivum *relativum*, vel Adiectivum *interrogativum*, vel Adiectivum *distributivum*.

Si Adiectivum *determinativum*, sic ista est constructio: *Socrates albus, equus albus*, quae specificam differentiam non habet, sed sub una specie constructionis continetur. Principia *communia* istius constructionis ex parte *Adiectivi* dependentis sunt modus *determinantis*, et modus *adiacentis;* ex parte *subiecti* terminantis sunt modus *determinabilis*, et modus *per se stantis,* et convenientia in Genere, Numero, Casu et Persona. Sed principia *propria* sunt duo modi conformes, scilicet: modus *denominantis simpliciter* ex parte *dependentis*, et modus *denominabilis simpliciter* ex parte *terminantis.*

205. **Constructio relativi.** — Si autem ista determinatio declinabilis sit Adiectivum *relativum*, sic est constructio *relativi* cum antecedente. Principia congruitatis huius constructionis *communia* sunt eadem, quae in praedictis. Sed *propria* sunt duo modi conformes, scilicet: ex parte relativi *dependentis*, modus significandi per modum *referentis;* ex parte *antecedentis* modus significandi per modum *referibilis.*

206. **Interrogativi.** — Si autem ista determinatio declinabilis sit Adiectivum *interrogativum*, sic est constructio *interrogativi* cum suo responsivo. Principia huius congruitatis *communia* sunt eadem, quae in praedictis. Sed principia *propria* sunt duo modi conformes: ex parte *interrogativi* dependentis modus significandi per modum *certificabilis* sub ratione interrogantis; ex parte

autem *responsivi*, modus significandi per modum *certificantis* sub ratione responsibilis.

207. **Distributivi.** — Si autem determinatio sit Adiectivum *distributivum*, sic est constructio signi *distributivi* cum termino communi; ut dicendo, *omnis homo, nullus asinus*. Principia congruitatis *communia* sunt eadem, quae in praedictis. Sed principia *propria* sunt duo modi significandi conformes: ex parte signi *distributivi* modus significandi per modum *distribuentis;* ex parte *termini* communis modus significandi per modum *distribuibilis*. Est autem notandum, quod in huiusmodi constructionibus conformitas omnium dictorum accidentium, quae sunt principium commune congruitatis, non semper requiritur, sed ut frequentius.

208. **Subdivisio.** — Si autem ista determinatio addita supposito sit *indeclinabilis*, hoc est iterum quatuor modis: quia aut est *Coniunctio*, aut *Adverbium*, aut *Praepositio*, aut *Interiectio*. Si est Coniunctio, hoc est dupliciter: quia aut coniungit suppositum apposito per *vim*, vel per *ordinem*. Si per *vim*, hoc est dupliciter: aut *coniungit* duo extrema inter se respectu tertii, ut *Socrates et Plato currunt;* aut *disiungit* ea respectu tertii, ut *Socrates vel Plato currit.* Si

autem Coniunctio coniungit suppositum apposito per *ordinem,* hoc est dupliciter: aut
Coniunctio se tenet *cum antecedente,* aut
cum consequente. Exemplum de utroque, ut
dicendo: *si homo est; ergo animal est.* Si
autem determinatio indeclinabilis addita supposito sit *Praepositio,* sic est ista: *A Socrate legitur.* Si autem determinatio indeclinabilis addita supposito sit tantum *Adverbium,* sic est ista: *Tantum Socrates
legit.* Si autem ista determinatio indeclinabilis addita supposito sit *Interiectio,* sic est
ista: *Heu mortuus est.*

Et sciendum est, quod Adverbium, inquantum Adverbium, non additur ei, quod
est per se suppositum proprie, sed inquantum est Adverbium *tale,* scilicet Adverbium
exclusivum. Et dico, quod Adverbium non
additur ei, quod est proprie suppositum;
quia dicendo, *currere velociter est bonum,* in ista oratione infinitivus non supponit per se, sed gratia Nominis. Item Participium per accidens est suppositum, cum
omne Participium sit adiectivum. Item intelligitur de Interiectione, dicendo, *heu mortuus est,* et huiusmodi.

209. **Principia.** — Principia autem harum
constructionum congruitatis *generalia* sunt
duo modi conformes, scilicet: modus *determi-*

nantis, et modus *determinabilis.* Principia autem *magis specialia* congruitatis constructionis, in qua *Coniunctio additur supposito,* sunt ex parte *Coniunctionis,* modus *coniungentis,* et ex parte extremorum modus *coniungibilis.* Sed principia secundum unamquamque speciem *appropriata* sunt modi significandi, quibus una species Coniunctionis specifice ab alia distinguitur; qui patent capitulo de *Coniunctione* unicuique subtiliter intuenti (1).

Item, *propria* principia istius constructionis, *a Socrate legitur,* sunt duo modi significandi conformes, scilicet: modus *contrahentis* et *retorquentis* a parte *Praepositionis;* et modus *contrahibilis* et *retorquibilis* ex parte *casualis.*

Item *propria* principia congruitatis huius constructionis, *tantum Socrates legit,* sunt duo modi conformes, scilicet: modus *excludentis* ex parte *Adverbii tantum,* et modus *excludibilis* ex parte *suppositi,* scilicet *Socrates.*

Item principia *propria* congruitatis huius constructionis, *heu mortuus est,* sunt duo modi conformes, scilicet: modus *determinantis* sub affectu *doloris,* et modus *de-*

_____

(1) Vid. cap. XXXIX.

terminabilis, qui est sibi proportionabilis. Et ita intelligatur in aliis Interiectionibus *laetitiae,* vel *admirationis,* suo modo.

210. **Alia subdivisio.** — Si autem determinatio addatur apposito, hoc est dupliciter: quia determinatio aut est *declinabilis,* vel *indeclinabilis.* Si primo modo, sic est ista: *sum albus, vocor Adrianus.* Et principia huius congruitatis, sive huius constructionis *communia* sunt eadem, quae in praedictis. Sed principia *propria* sunt duo modi conformes, scilicet: ex parte *appositi* modus significandi per modum *esse,* seu vocationis specialis in ratione *specificantis;* ex parte *terminantis* modus significandi per modum *determinantis* illud, quod per modum *esse,* vel vocationis specialis, in ratione specificantis significat.

Si autem ista determinatio sit pars *indeclinabilis,* hoc est tripliciter: aut est *Adverbium,* vel *Coniunctio,* vel *Interiectio.* Si est Adverbium, hoc est dupliciter: quia vel Adverbium additur Verbo, ratione dispositionis *rei significatae,* aut ratione *modorum* significandi; et utrobique sunt multae constructiones secundum multas determinationes adverbiales, de quibus omnibus dictum est in capitulo de *Adverbio* (1).

---

(1) Vid. cap. XXXIII.

Principia autem congruitatis omnium harum constructionum *generalia* sunt duo modi significandi conformes, scilicet: modus *determinantis* ex parte *Adverbii*, et modus *determinabilis* ex parte *appositi*. Sed principia *propria* sunt duo modi significandi, quibus unaquaeque species Adverbii ab alia distinguitur, quae patent unicuique hoc diligenter inspicienti.

211. **Tertia Subdivisio.** — Si autem determinatio *indeclinabilis* addita apposito sit *Interiectio*, hoc est quadrupliciter: quia aut illa Interiectio *laetitiam* exprimit, aut *dolorem*, aut *admirationem*, aut *metum*. Principia autem congruitatis harum constructionum *communia* sunt eadem, quae in praedictis. Sed *propria* principia sunt duo modi significandi, quibus unaquaeque species *Interiectionis* distinguitur ab alia.

Si autem determinatio *indeclinabilis* addita apposito sit *Coniunctio*, hoc contingit eodem modo, sicut cum Coniunctio additur supposito. Sunt enim tot species, et eodem modo se habentes, congrue, vel constructive.

Si autem determinatio addatur ad illud, quod est *diversum ab utroque*, scilicet, supposito et apposito, tamen ordinatum ad suppositum, tunc eodem modo fere diversificatur; et etiam tot species constru-

ctionum, quot sunt, cum determinatio additur
ad suppositum; et eodem modo congrue.

Si autem determinatio addatur ad illud,
quod est differens ab utroque, scilicet supposito, tamen ordinatum ad appositum, diversificatur ut priores; et iterum tot sunt
species constructionis, et eodem modo con-
structae, ut unicuique patere potest diligenter intuenti.

Et sic patent omnes *constructiones in-*
transitivae, quae sunt, et quot sunt principia *congruitatis* ipsarum, tam *communia,*
quam *propria.*

CAPUT LI.

De speciebus constructionis transitivae,
praesertim actuum, et principiis con-
gruitatis ipsius.

212. Constructio transitiva actuum — per-
sonarum. — Viso de constructione *intransi-*
tiva via *divisionis,* consequenter de constructione *transitiva* via *divisionis* diligenter videamus. Dividitur autem constructio
transitiva in constructionem transitivam
actuum, et constructionem transitivam *per-*
sonarum. Constructio transitiva *actuum* est
in qua constructibile dependens per modum

actus significat, ut *lege librum.* — Constructio transitiva *personarum* est *in qua constructibile dependens per modum substantiae significat*, ut dicendo, *filius Socratis.*

213. **Constructio transitiva actuum duplex.**
— Constructio transitiva *actuum* dividitur in
constructionem transitivam *actus signati,* et
in constructionem transitivam *actus exerciti.*
Constructio transitiva actus *exerciti* non dividitur in species, sed tantum in individua, ut
o Thoma (1). — Principia congruitatis huius
constructionis *communia* sunt duo modi ex
parte *dependentis,* per quorum unum exigit
modum *per se stantis,* et per alterum exigit
rationem *termini absoluti.* Sed principia *propria* sunt duo modi conformes, scilicet : modus significandi per modum *excitantis,* seu
vocantis a parte *Adverbii, o;* et modus significandi per modum *excitati* ex parte vocativi.

214. **Constructio transitiva actus signati
multiplex.** — Item constructio transitiva *actus
signati* dividitur secundum diversitatem constructibilis terminantis, quod in huiusmodi

---

(1) « Differentia inter actum *signatum* et *exercitum*
patet in multis. Per *non* enim exercetur negatio; per
nego vero signatur; per *tantum* similiter exercetur ex-
clusio; per *excludo* signatur ». — *Super Univers. Porphyrii,* q. 14. n. 4.

constructione est quadrupliciter: vel quia est *Genitivi* casus, ut dicendo, *misereor Socratis*; vel *Dativi*, ut *faveo Socrati*; vel *Accusativi*, ut *percutio Socratem*; vel *Ablativi*, ut *utor toga*.

Principia congruitatis *communia* harum constructionum sunt tres modi ex parte *dependentis*, et tres ex parte *terminantis*. Nam ex parte *dependentis* modus est *esse*, cui correspondet in obliquo *post se* modus *entis*. Secundo, ex parte *dependentis* est significatio accidentalis, qui est modus significandi *dependentis* ad quemlibet obliquum *post se*; cui correspondet in obliquo modus significandi per modum *per se stantis*. Nam sicut haec est incongrua, *albus currit*, pari modo haec est incongrua, *percutio album*. Tertio, ex parte *dependentis* est modus *generis*, qui est quasi qualitas significationis accidentalis; cui correspondet in obliquo modus significandi per modum termini absolute modo conformi casuum contrahibilis.

Principia *propria* congruitatis huius constructionis, *misereor Socratis*, sunt duo modi conformes, scilicet: modus *dependentis* sub modo *ut alterius*, ex parte *dependentis*; et modus *termini ut cuius*, ex parte *terminantis*. — Principia vero *propria* huius constructionis, *faveo Socrati*, sunt similiter duo modi conformes, scilicet: modus *dependentis* sub modo *ut alteri;* et modus *terminantis* sub modo *ut cui.* — Principia *propria* congruitatis huius constructionis, *percutio Socratem,* sunt duo modi conformes, scilicet: modus *dependentis* vel transeuntis, sub modo *ut alterum,* et modus *terminantis* sub modo *ut quem.* Si autem ille modus *ut quem* sit Praepositione contractus, tunc similiter modus transeuntis sub modo *ut alterum* proportionabiliter est contrahendus. — Principia autem *propria* congruitatis huius constructionis, *utor toga,* sunt similiter duo modi conformes, scilicet: modus transeuntis et *dependentis* sub modo *ut ab altero,* et modus *terminantis* sub modo *ut a quo,* proportionabiliter est contrahendus.

CAPUT LII.

De Constructione transitiva personarum, et principiis congruitatis ipsius.

215. **Constructio transitiva personarum.** — Item constructio transitiva *personarum* dividitur in quatuor species, secundum quadruplicem diversitatem *constructibilis terminantis;* quia vel est *Genitivi* casus, ut dicendo, *filius Socratis;* vel *Dativi,* ut si-

milis Socrati; vel *Accusativi,* ut *Petrus albus percutit pedem;* vel *Ablativi,* ut *celer pedibus,* id est velox.

Principia congruitatis *communia* harum constructionum sunt modus *entis,* sub modo *transeuntis* ex parte *dependentis;* et modus *entis* sub modo *per se stantis* in obliquo. Nam sicut haec est incongrua, *misereor albi,* sic haec, *cappa albi.* Et similiter, sicut haec est congrua, *misereor Socratis,* sic haec est congrua, *cappa Socratis.*

Principia *propria* huius congruitatis, *filius Socratis,* sunt duo modi significandi conformes, scilicet: modus *dependentis,* sub modo *ut alterius;* et modus entis *terminantis,* sub modo *ut cuius.* Et ita intelligatur in aliis tribus casibus, in ordine suo.

Iuxta quod notandum, quod constructio quae est Adiectivi cum Accusativo, non est incongrua, sed *figurativa.* Accusativus enim solus construitur congrue cum verbis significantibus actum; quia Accusativus est terminus actus *signati.* Unde de congruitate huius constructionis non est inquirendum; tamen propter Synecdochen congrue admittitur in sermone.

216. **Epilogus.** — Et sic patet sufficientia specierum *constructionis,* et principiorum *congruitatis* earumdem. Patet etiam

quomodo constructio *simpliciter sumpta* dividitur in constructionem *transitivam* et *intransivam.* Constructio *intransitiva* dividitur in constructionem intransitivam *actuum*, et *personarum.* Constructio intransitiva *actuum* dividitur in quinque species, secundum numerum quinque *suppositorum*, specie differentium, quia aut *Nominativus* supponit, aut *Genitivus*, aut *Dativus*, aut *Accusativus*, aut *Ablativus.* Item constructio intransitiva *personarum*, quae est determinabilis cum determinatione, dividitur secundum diversitatem *determinationum*, quae multipliciter variantur, ut visum est. — Item constructio *transitiva* dividitur in constructionem transitivam *actuum* et *personarum.* Constructio transitiva *actuum* dividitur in transitivam actus *exerciti* et actus *signati.* Constructio actus *exerciti* non dividitur nisi secundum individua. Constructio transitiva actus *signati* dividitur in quatuor species specialissimas secundum diversitatem quatuor *obliquorum* specie differentium.

Et notandum, quod sicut constructio dividitur *per se* in *transitivam* et *intransitivam*, sic *per accidens* dividitur in constructionem *secundum sensum*, et *secundum intellectum*; quae divisio ideo dicitur *per accidens*, quia non dividit constructionem *secun-*

dum se et *absolute,* sed *in comparatione
ad potentiam animae* apprehensivam. Et
dicitur *constructio secundum sensum,* quia
*ambo constructibilia sunt voce tenus ex-
pressa, ratione cuius vocis se confert sensui auditus.* Constructio *secundum intellectum est, quando alterum constructibile
non est vocaliter expressum, sed est in
intellectu,* ut *lego,* et huiusmodi.

Et haec de *constructionibus* dicta sufficiant.

Caput LIII.

*De congruitate sermonis secundum se
et in communi.*

217. Sermonis congruitas. — Sequitur de
congruitate, quae est secunda passio sermonis, de qua licet tactum sit *in speciali,*
circa quamlibet speciem *constructionis,* de
eius tamen natura seorsim in genere videamus.

218. Congruitatis elementum primum. —
Iuxta quod primo notandum, quod sicut
constructio requirit constructibilium unionem absolute, sic *congruitas* requirit constructibilium unionem, non quamcumque, sed
debitam. Et haec debita unio potest contin-

gere dupliciter: uno modo ex *convenientia* significatorum specialium; et per oppositum unio *indebita* ex *repugnantia* ipsorum. Alio modo potest contingere ex *conformitate modorum* significandi, et per oppositum *indebita* ex *indebita* modorum significandi *discrepantia.*

Inde est, quod quidam, non distinguentes inter significatorum specialium *convenientiam* vel *repugnantiam,* et modorum significandi *conformitatem* vel *discrepantiam,* dixerunt omnem constructionem esse *congruam* vel *incongruam,* in qua est significatorum specialium *convenientia* vel *repugnantia.* — Sed hoc non valet, quia congruitas est passio personae in Grammatica considerata. Unde patet, quod congruitas sit de consideratione Grammatici *per se.* Sed *convenientia* vel *repugnantia* significatorum specialium a Grammatico *per se* non consideratur, sed magis a Logico; ergo congruitas in sermone ab his non causatur.

Dicendum est ergo, quod *congruitas* et *incongruitas* causantur ex *conformitate* vel *disconformitate modorum significandi,* quae per se sunt de consideratione Grammatici. Tamen *proprietas* vel *improprietas* sermonis causatur ex *convenientia* vel *repugnantia significatorum specialium.* Unde haec est congrua et propria, *cappa nigra*; et haec est impropria, *cappa categorica*: tamen utraque istarum est *congrua*.

219. Secundum. — Secundo notandum, quod congruitas requirit *debitam unionem constructibilium*; et cum huiusmodi unio non causetur per quosdam modos signifi-candi, ideo ad congruitatem requiritur con-formitas omnium modorum significandi con-structibilium ad aliquam speciem constru-ctionis requisitorum; ita quod constructibile *dependens* sit terminatum per constructi-bile *terminans*, quantum ad omnes modos significandi, secundum quos dependet quan-tum ad istam constructionem. Et dico, *quan-tum ad istam constructionem*, quia si ha-beat dependentiam ad diversas constructio-nes, non requiritur quod omnes dependentiae sint semper actu terminatae, sed sufficit quod secundum unam constructionem ter-minentur, ut dicendo, *lego librum*, haec est congrua, licet non addatur *Virgilii*, vel ali-quid aliud, quod terminet dependentiam hu-ius, quod est *librum*, secundum quam de-pendet *a parte post*.

220. Tertium. — Tertio notandum e st quod cum conformitas modorum significandi sit principium constructionis et congruita-tis, distinguendum est de conformitate, quia.

duplex est conformitas, scilicet: *proportionis,* et *similitudinis;* et quandoque utraque utraque ad constructionem requiritur, quandoque autem sufficit *proportionis* tantum, quandoque autem sufficit *similitudinis* conformitas tantum.

Et ut sciamus quando utraque conformitas exigatur, aut altera tantum, est sciendum, quod quandoque constructibile dependens habet aliquos modos significandi, non ex proprietatibus suae rei per se, sed ex proprietatibus rei constructibilis terminantis; et tunc inter illos modos significandi exigitur *similitudo,* et non *proportio;* ita quod constructibile terminans debet habere modos significandi constructibilis dependentis, ut patet de constructione Adiectivi cum Substantivo, et in constructione suppositi Nominativi casus cum Verbo personali. Nam Adiectivum habet tam genus, quam numerum, quam personam ex proprietatibus rei subiectae, ut dictum est supra. Unde ex parte substantivi non requirit modos proportionabiles, sed similes. Similiter Verbum personale habet numerum, et personam, ex proprietatibus rei suppositae; ideo hos modos requirit in supposito, non *proportionabiles,* sed *similes.* Si autem constructibile dependens habet aliquos modos significandi ex proprietatibus suae rei per se, et non ex proprietatibus rei constructibilis terminantis, tunc exigitur in illis modis significandi *proportio*, et non *similitudo*. Et quia Adiectivum habet modum adiacentis proprie et de proprietatibus suae rei, ideo per huiusmodi modum adiacentis requirit in subiecto modum *per se stantis*, qui est sibi *proportionabilis;* et sic de aliis intelligatur.

221. **Quartum.** — .Congruitas. — Quarto notandum, quod sicut congruitas constructionis *in generali* causatur ex conformitate modorum significandi, ut patet ex dictis, inspiciendo singulas species generaliter dictorum, sic congruitas *specialis* constructionum specialium causatur ex alia et alia conformitate aliorum et aliorum modorum significandi, ut patet ex praedictis inspiciendo singulas species constructionis. — *Congruitas* nihil aliud est, quam *partium sermonis debita unio, ex modorum significandi conformitate ad aliquam speciem constructionis requisitorum derelicta.*

222. **Congruitas secundum sensum — secundum intellectum.** — Ultimo notandum est, quod sicut duplex est constructio, scilicet: *secundum sensum* et *secundum intellectum,* sic et *Congruitas secundum sensum* est, *quando ambo constructibilia sunt voce tenus expressa.* Et dicitur congrua *secundum*

sensum, non quia sensus eius congruitatem percipiat, sed quia vocem utriusque constructibilis auditus apprehendit, cum vox sit proprium obiectum auditus. *Congruitas* vero *secundum intellectum* est, *quando ambo constructibilia secundum vocem non sunt expressa,* sed alterum ipsorum est ab intellectu apprehensum; sicut contingit in verbis primae et secundae personae, in quibus intelligitur suppositum.

Et sic patet quid sit congruitas, et unde causetur. Et haec de congruitate dicta sufficiant.

Caput LIV.

De Perfectione Sermonis.

223. **Constructionis finis duplex.** — Sequitur de *perfectione,* quae est tertia et ultima passio sermonis. Iuxta quod notandum, quod cum Grammatica sit scientia *organica,* oportet quod illud, quod in Grammatica est principaliter consideratum, sit *organicum;* hoc autem est *constructio,* de qua dictum est. Et quia omne *organicum* est ad aliquem finem ordinatum, est igitur constructionis aliquis *finis* necessarius. Talis autem finis est duplex, scilicet: *propinquus,* et *remotus.*

Finis *propinquus* est *expressio mentis conceptus compositi, secundum distantiam.* Et dico *secundum distantiam,* quia conceptus mentis compositus est aliquando *secundum indistantiam,* ut componendo *hominem* cum *albo* sine copula; ut dicendo, *homo albus.* Alioquin conceptus mentis est compositus *secundum distantiam,* ut componendo *hominem* cum *albo,* mediante copula, dicendo, *homo est albus.* Circa quam compositionem consistit veritas et falsitas, ut dicitur *I. Perihermenias,* cap. I (1). Et quia intellectus super compositionem primam non quiescit, cum sit incompleta, sed de prima procedit ad secundam, ideo constructio non est ad exprimendum primum conceptum compositum, sed ad exprimendum secundum conceptum compositum *secundum distantiam,* finaliter ordinata. — Finis autem *remotus constructionis* est *generare perfectum sensum in animo auditoris, ex constructibilium debita unione.*

224. **Undenam perfectio sermonis.** — Secundo est notandum, quod sicut constructio *simpliciter* acquiritur ex constructibilium unione absolute, et *congruitas* constructionis ex constructibilium unione debita, sic

---

(1) Vid. ib. Doctorem.

perfectio acquiritur ex constructibilium unione debita, non quorumcumque, sed *suppositi* cum *apposito*, dummodo nulla dependentia derelinquatur circa ipsam non terminata, retrahens ea ab eius fine, qui est conceptum mentis compositum exprimere, et perfectum sensum in animo auditoris generare.

225. **Tria requirit.** — Ex his patet, quod tria requiruntur ad perfectionem sermonis. Primum est *suppositum* et *appositum;* quia cum constructio perfecta sit ad exprimendum mentis conceptum compositum *secundum distantiam* finaliter ordinata, oportet, quod sicut est distantia inter conceptus mentis compositos, sic etiam sit distantia in constructibilium unione. Sed haec distantia solum est inter suppositum et appositum, ex hoc quod solum Verbum est appositum, quod per modum distantis se habet. — Secundo, requiritur omnium modorum significandi *conformitas*, prout ad congruitatem requirebatur. — Tertio, requiritur ex parte constructionis, quod *nulla dependentia sit non terminata*, quae retrahat ipsam ab eius fine, qui est mentis conceptum compositum exprimere, et perfectum sensum in animo auditoris generare.

226. **Perfectum triplex.** — Tertio est notandum, quod constructio habens in se haec

tria membra, quae dicta sunt, perfecta est secundum tres modos perfectionis, quos assignat Philosophus *V. Metaph. text. com.* 21. (1). Nam uno modo aliquid est perfectum *cui nihil deest eorum, quae requiruntur ad eius speciem.* — Secundo modo, aliquid est perfectum, *cum potest debite suum finem,* propter quem ordinatur, *pertingere.* — Tertio modo, aliquid est perfectum, *cum potest sibi simile in specie generare.*

227. **Constructio perfecta — imperfecta.** — Constructio ergo habens suppositum et appositum secundum conformitatem omnium modorum significandi, tamen nullam habens circa se dependentiam non terminatam, non retrahentem ipsam ab eius fine, est *perfecta primo modo;* quia nihil sibi deficit eorum, quae ad eius speciem requiruntur. — Secundo modo etiam est *perfecta,* quia debite potest suum finem, propter quem ordinatur qui est exprimere mentis conceptum compositum secundum distantiam, ut dictum est, pertingere. — Tertio modo etiam est perfecta, quia potest facere sibi simile, id est, perfectum sensum in animo auditoris generare.

(1) Vid. *Lexic. Scotist.* Distinct. vv. *Perfectio-Per-*

Ex his patet, quod signum perfectionis constructionis est *generare perfectum sensum in animo auditoris,* ita quod omnis illa constructio erit perfecta, quae perfectum sensum in animo auditoris generabit. Sed haec perfectio sensus in animo auditoris non est punctualis, sed habet gradum perfectionis secundum magis et minus; et secundum hoc constructio dicitur *magis* et *minus* perfecta. Nam ea magis perfecta est, quae magis quietat animum auditoris; et quae minus quietat, minus perfecta erit.

Ex his dictis etiam patet, quod haec est imperfecta, *si Socrates currit,* quia ista coniunctio, *si,* huic constructioni addita, *Socrates currit,* facit in ea novam dependentiam ad aliquid extra se, ut ad aliquid consequens, quod si non exprimatur, semper imperfecta manebit, ut dicendo, *me legere,* haec est imperfecta, quia animum auditoris non quietat; et si quae sunt similes. — Perfectio ergo nihil aliud est, quam *passio sermonis tertia et ultima, ex debita constructibilium unione derelicta, cum sufficientia exprimendi mentis conceptum compositum secundum distantiam, et generandi perfectam sententiam in animo auditoris.*

228. Constructionis perfectio duplex. — Quarto est notandum, quod duplex est per-

fectio constructionis, scilicet: secundum *sensum*, et secundum *intellectum*. Perfectio *secundum sensum* est, *cum ambo constructibilia constructionis sunt voce tenus expressa*, ut *ego lego*. Perfectio *secundum intellectum* est, *cum constructibilia secundum vocem non exprimuntur, sed alterum ab intellectu apprehenditur*, ut dicendo, *lego*. Nam hoc verbum *lego* dat intelligere suppositum, quod est ly *ego*, sub conformitate omnium modorum significandi requisitorum ad hanc speciem constructionis. Et tamen hic nulla derelinquitur dependentia ex parte constructionis totius, vel partium eius, non terminata, quae retrahat eam ab eius fine, qui est mentis conceptum compositum secundum distantiam exprimere, vel perfectum sensum in animo auditoris generare; et ita intelligatur de aliis. •

229. Constructionis — congruitatis — perfectionis ordo et differentia. — Quinto et ultimo est notandum, quod illud quod habet se per additionem ad alterum posterius est eo; ideo ex dictis patet, quod *congruitas* est posterior *constructione*, et *perfectio* posterior *congruitate*. Nam *constructio* non requirit aliquid aliud nisi absolute constructibilium unionem ex modorum significandi conformitate causatam, ut dicendo, *vir est*

albus, ita bene est constructio, sicut ista, *vir est bonus;* quia utrobique est conformi- tas modorum significandi. — Sed *congruitas* requirit constructibilium unionem, non quam- cumque, sed *debitam,* ex conformitate modo- rum significandi illius constructionis tantum ad illam speciem constructionis requisitorum. — *Perfectio* requirit constructibilium unio- nem, non quorumcumque, sed solum *suppositi* cum *apposito,* ex conformitate omnium modo- rum significandi causatam, cum sufficientia exprimendi mentis conceptum compositum secundum distantiam, et generandi perfectum sensum in animo auditoris. — Et sic patet, quod *perfectio* super *congruitatem* addit propria principia, et similiter *congruitas* super *con- structionem,* et ideo perfectio praesupponit congruitatem, et congruitas constructionem. Constructio ergo est passio sermonis *prima,* congruitas *secunda,* perfectio *tertia* et ul- tima.

230. **Qualiter interrogandum.** — Et ut habeamus distinctum modum interrogandi de ipsis passionibus Grammaticae, sciendum est, quod de differentiis constructionum, quae sunt *transitivum* et *intransitivum,* possu- mus quaerere per hoc interrogativum, *quae?* Sed de istis differentiis, quae sunt *con- gruum* et *incongruum,* possumus quaerere

per hoc interrogativum, *qualis?* Sed de istis differentiis, quae sunt *perfectum* et *imperfectum*, possumus quaerere per hoc interrogativum, *quanta?* Unde versus:

Quae? trans., intrans.; qualis? con., incon.; quanta? per. imper.

INDEX

Finis *propinquus* est *expressio mentis
conceptus compositi, secundum distantiam.*
Et dicó *secundum distantiam,* quia conceptus mentis compositus est aliquando *secundum indistantiam,* ut componendo *hominem*
cum *albo* sine copula; ut dicendo, *homo
albus.* Alioquin conceptus mentis est compositus *secundum distantiam,* ut componendo *hominem* cum *albo,* mediante copula,
dicendo, *homo est albus.* Circa quam compositionem consistit veritas et falsitas, ut
dicitur *I. Perihermenias,* cap. 1 (1). Et quia
intellectus super compositionem primam non
quiescit, cum sit incompleta, sed de prima
procedit ad secundam, ideo constructio non
est ad exprimendum primum conceptum compositum, sed ad exprimendum secundum conceptum compositum *secundum distantiam,*
finaliter ordinata. — Finis autem *remotus
constructionis* est *generare perfectum sensum in animo auditoris, ex constructibilium debita unione.*

224. **Undenam perfectio sermonis.** — Secundo est notandum, quod sicut constructio
simpliciter acquiritur ex constructibilium
unione absolute, et *congruitas* constructionis ex constructibilium unione debita, sic

_____

(1) Vid. ib. Doctorem.

perfectio acquiritur ex constructibilium unione debita, non quorumcumque, sed *suppositi* cum *apposito*, dummodo nulla dependentia derelinquatur circa ipsam non terminata, retrahens ea ab eius fine, qui est conceptum mentis compositum exprimere, et perfectum sensum in animo auditoris generare.

225. **Tria requirit.** — Ex his patet, quod tria requiruntur ad perfectionem sermonis. Primum est *suppositum* et *appositum;* quia cum constructio perfecta sit ad exprimendum mentis conceptum compositum *secundum distantiam* finaliter ordinata, oportet, quod sicut est distantia inter conceptus mentis compositos, sic etiam sit distantia in constructibilium unione. Sed haec distantia solum est inter suppositum et appositum, ex hoc quod solum Verbum est appositum, quod per modum distantis se habet. — Secundo, requiritur omnium modorum significandi *conformitas*, prout ad congruitatem requirebatur. — Tertio, requiritur ex parte constructionis, quod *nulla dependentia sit non terminata*, quae retrahat ipsam ab eius fine, qui est mentis conceptum compositum exprimere, et perfectum sensum in animo auditoris generare.

226. **Perfectum triplex.** — Tertio est notandum, quod constructio habens in se haec

tria membra, quae dicta sunt, perfecta est
secundum tres modos perfectionis, quos assignat Philosophus *V. Metaph. text. com.
21.* (1). Nam uno modo aliquid est perfectum
*cui nihil deest eorum, quae requiruntur
ad eius speciem.* — Secundo modo, aliquid
est perfectum, *cum potest debite suum
finem*, propter quem ordinatur, *pertingere.*
— Tertio modo, aliquid est perfectum, *cum
potest sibi simile in specie generare.*

227. Constructio perfecta — imperfecta. —
Constructio ergo habens suppositum et appositum secundum conformitatem omnium
modorum significandi, tamen nullam habens
circa se dependentiam non terminatam, non
retrahentem ipsam ab eius fine, est *perfecta* primo modo; quia nihil sibi deficit eorum, quae ad eius speciem requiruntur. —
Secundo modo etiam est *perfecta*, quia debite
potest suum finem, propter quem ordinatur
(qui est exprimere mentis conceptum compositum secundum distantiam, ut dictum
est), pertingere. — Tertio modo etiam est
perfecta, quia potest facere sibi simile, id
est, perfectum sensum in animo auditoris
generare.

---

(1) Vid. *Lexic. Scotist.* Distinct. vv. *Perfectio-Per-
fectum*, etc.

Ex his patet, quod signum perfectionis constructionis est *generare perfectum sensum in animo auditoris*, ita quod omnis illa constructio erit perfecta, quae perfectum sensum in animo auditoris generabit. Sed haec perfectio sensus in animo auditoris non est punctualis, sed habet gradum perfectionis secundum magis et minus; et secundum hoc constructio dicitur *magis* et *minus* perfecta. Nam ea magis perfecta est, quae magis quietat animum auditoris; et quae minus quietat, minus perfecta erit.

Ex his dictis etiam patet, quod haec est imperfecta, *si Socrates currit*, quia ista coniunctio, *si*, huic constructioni addita, *Socrates currit*, facit in ea novam dependentiam ad aliquid extra se, ut ad aliquid consequens, quod si non exprimatur, semper imperfecta manebit, ut dicendo, *me legere*, haec est imperfecta, quia animum auditoris non quietat; et si quae sunt similes. — Perfectio ergo nihil aliud est, quam *passio sermonis tertia et ultima, ex debita constructibilium unione derelicta, cum sufficientia exprimendi mentis conceptum compositum secundum distantiam, et generandi perfectam sententiam in animo auditoris.*

228. Constructionis perfectio duplex. — Quarto est notandum, quod duplex est per-

fectio constructionis, scilicet: secundum *sensum*, et secundum *intellectum*. Perfectio *secundum sensum* est, *cum ambo constructibilia constructionis sunt voce tenus expressa*, ut *ego lego*. Perfectio *secundum intellectum* est, *cum constructibilia secundum vocem non exprimuntur, sed alterum ab intellectu apprehenditur*, ut dicendo, *lego*. Nam hoc verbum *lego* dat intelligere suppositum, quod est ly *ego*, sub conformitate omnium modorum significandi requisitorum ad hanc speciem constructionis. Et tamen hic nulla derelinquitur dependentia ex parte constructionis totius, vel partium eius, non terminata, quae retrahat eam ab eius fine, qui est mentis conceptum compositum secundum distantiam exprimere, vel perfectum sensum in animo auditoris generare; et ita intelligatur de aliis.

229. Constructionis — congruitatis — perfectionis ordo et differentia. — Quinto et ultimo est notandum, quod illud quod habet se per additionem ad alterum posterius est eo; ideo ex dictis patet, quod *congruitas* est posterior *constructione*, et *perfectio* posterior *congruitate*. Nam *constructio* non requirit aliquid aliud nisi absolute constructibilium unionem ex modorum significandi conformitate causatam, ut dicendo, *vir est*

albus, ita bene est constructio, sicuti ista, *vir est bonus;* quia utrobique est conformitas modorum significandi. — Sed *congruitas* requirit constructibilium unionem, non quamcumque, sed *debitam,* ex conformitate modorum significandi illius constructionis tantum ad illam speciem constructionis requisitorum. — *Perfectio* requirit constructibilium unionem, non quorumcumque, sed solum *suppositi* cum *apposito,* ex conformitate omnium modorum significandi causatam, cum sufficientia exprimendi mentis conceptum compositum secundum distantiam, et generandi perfectum sensum in animo auditoris. — Et sic patet, quod *perfectio* super *congruitatem* addit propria principia, et similiter *congruitas* super *constructionem,* et ideo perfectio praesupponit congruitatem, et congruitas constructionem. Constructio ergo est passio sermonis *prima,* congruitas *secunda,* perfectio *tertia* et ultima.

230. Qualiter interrogandum. — Et ut habeamus distinctum modum interrogandi de ipsis passionibus Grammaticae, sciendum est, quod de differentiis constructionum, quae sunt *transitivum* et *intransitivum,* possumus quaerere per hoc interrogativum, *quae?* Sed de istis differentiis, quae sunt *congruum* et *incongruum,* possumus quaerere

per hoc interrogativum, *qualis?* Sed de istis differentiis, quae sunt *perfectum* et *imperfectum*, possumus quaerere per hoc interrogativum, *quanta?* Unde versus:

Quae? trans., intrans.; qualis? con., incon.; quanta? per. imper.

INDEX

— 188 —

Finis *propinquus* est *expressio mentis conceptus compositi, secundum distantiam.* Et dicó *secundum distantiam,* quia conceptus mentis compositus est aliquando *secundum indistantiam,* ut componendo *hominem* cum *albo* sine copula; ut dicendo, *homo albus.* Alioquin conceptus mentis est compositus *secundum distantiam,* ut componendo *hominem* cum *albo,* mediante copula, dicendo, *homo est albus.* Circa quam compositionem consistit veritas et falsitas, ut dicitur *I. Perihermenias,* cap. 1 (1). Et quia intellectus super compositionem primam non quięscit, cum sit incompleta, sed de prima procedit ad secundam, ideo constructio non est ad exprimendum primum conceptum compositum, sed ad exprimendum secundum conceptum compositum *secundum distantiam,* finaliter ordinata. — Finis autem *remotus constructionis* est *generare perfectum sensum in animo auditoris, ex constructibilium debita unione.*

224. **Undenam perfectio sermonis.** — Secundo est notandum, quod sicut constructio *simpliciter* acquiritur ex constructibilium unione absolute, et *congruitas* constructionis ex constructibilium unione debita, sic

----

(1) Vid. ib. Doctorem.

perfectio acquiritur ex constructibilium unione debita, non quorumcumque, sed *suppositi* cum *apposito*, dummodo nulla dependentia derelinquatur circa ipsam non terminata, retrahens ea ab eius fine, qui est conceptum mentis compositum exprimere, et perfectum sensum in animo auditoris generare.

225. **Tria requirit.** — Ex his patet, quod tria requiruntur ad perfectionem sermonis. Primum est *suppositum* et *appositum;* quia cum constructio perfecta sit ad exprimendum mentis conceptum compositum *secundum distantiam* finaliter ordinata, oportet, quod sicut est distantia inter conceptus mentis compositos, sic etiam sit distantia in constructibilium unione. Sed haec distantia solum est inter suppositum et appositum, ex hoc quod solum Verbum est appositum, quod per modum distantis se habet. — Secundo, requiritur omnium modorum significandi *conformitas*, prout ad congruitatem requirebatur. — Tertio, requiritur ex parte constructionis, quod *nulla dependentia sit non terminata*, quae retrahat ipsam ab eius fine, qui est mentis conceptum compositum exprimere, et perfectum sensum in animo auditoris generare.

226. **Perfectum triplex.** — Tertio est notandum, quod constructio habens in se haec

tria membra, quae dicta sunt, perfecta est
secundum tres modos perfectionis, quos assignat Philosophus *V. Metaph. text. com.
21.* (1). Nam uno modo aliquid est perfectum
*cui nihil deest eorum, quae requiruntur
ad eius speciem.* — Secundo modo, aliquid
est perfectum, *cum potest debite suum
finem*, propter quem ordinatur, *pertingere.*
— Tertio modo, aliquid est perfectum, *cum
potest sibi simile in specie generare.*

227. Constructio perfecta — imperfecta. —
Constructio ergo habens suppositum et appositum secundum conformitatem omnium
modorum significandi, tamen nullam habens
circa se dependentiam non terminatam, non
retrahentem ipsam ab eius fine, est *perfecta* primo modo; quia nihil sibi deficit eorum, quae ad eius speciem requiruntur. —
Secundo modo etiam est *perfecta*, quia debite
potest suum finem, propter quem ordinatur
(qui est exprimere mentis conceptum compositum secundum distantiam, ut dictum
est), pertingere. — Tertio modo etiam est
perfecta, quia potest facere sibi simile, id
est, perfectum sensum in animo auditoris
generare.

---

(1) Vid. *Lexic. Scotist.* Distinct. vv. *Perfectio-Per-
fectum*, etc.

Ex his patet, quod signum perfectionis constructionis est *generare perfectum sensum in animo auditoris*, ita quod omnis illa constructio erit perfecta, quae perfectum sensum in animo auditoris generabit. Sed haec perfectio sensus in animo auditoris non est punctualis, sed habet gradum perfectionis secundum magis et minus; et secundum hoc constructio dicitur *magis* et *minus* perfecta. Nam ea magis perfecta est, quae magis quietat animum auditoris; et quae minus quietat, minus perfecta erit.

Ex his dictis etiam patet, quod haec est imperfecta, *si Socrates currit*, quia ista coniunctio, *si*, huic constructioni addita, *Socrates currit*, facit in ea novam dependentiam ad aliquid extra se, ut ad aliquid consequens, quod si non exprimatur, semper imperfecta manebit, ut dicendo, *me legere*, haec est imperfecta, quia animum auditoris non quietat; et si quae sunt similes. — Perfectio ergo nihil aliud est, quam *passio sermonis tertia et ultima, ex debita constructibilium unione derelicta, cum sufficientia exprimendi mentis conceptum compositum secundum distantiam, et generandi perfectam sententiam in animo auditoris.*

228. Constructionis perfectio duplex. — Quarto est notandum, quod duplex est per-

fectio constructionis, scilicet: secundum *sen-sum*, et secundum *intellectum*. Perfectio *secundum sensum* est, *cum ambo constructibilia constructionis sunt voce tenus expressa*, ut *ego lego*. Perfectio *secundum intellectum* est, *cum constructibilia secundum vocem non exprimuntur, sed alterum ab intellectu apprehenditur*, ut dicendo, *lego*. Nam hoc verbum *lego* dat intelligere suppositum, quod est ly *ego*, sub conformitate omnium modorum significandi requisitorum ad hanc speciem constructionis. Et tamen hic nulla derelinquitur dependentia ex parte constructionis totius, vel partium eius, non terminata, quae retrahat eam ab eius fine, qui est mentis conceptum compositum secundum distantiam exprimere, vel perfectum sensum in animo auditoris generare; et ita intelligatur de aliis. ▪

229. **Constructionis — congruitatis — perfectionis ordo et differentia.** — Quinto et ultimo est notandum, quod illud quod habet se per additionem ad alterum posterius est eo; ideo ex dictis patet, quod *congruitas* est posterior *constructione*, et *perfectio* posterior *congruitate*. Nam *constructio* non requirit aliquid aliud nisi absolute constructibilium unionem ex modorum significandi conformitate causatam, ut dicendo, *vir est*

albus, ita bene est constructio, sicuti ista, *vir est bonus;* quia utrobique est conformitas modorum significandi. — Sed *congruitas* requirit constructibilium unionem, non quamcumque, sed *debitam,* ex conformitate modorum significandi illius constructionis tantum ad illam speciem constructionis requisitorum.

— *Perfectio* requirit constructibilium unionem, non quorumcumque, sed solum *suppositi* cum *apposito,* ex conformitate omnium modorum significandi causatam, cum sufficientia exprimendi mentis conceptum compositum secundum distantiam, et generandi perfectum sensum in animo auditoris. — Et sic patet, quod *perfectio* super *congruitatem* addit propria principia, et similiter *congruitas* super *constructionem,* et ideo perfectio praesupponit congruitatem, et congruitas constructionem. Constructio ergo est passio sermonis *prima,* congruitas *secunda,* perfectio *tertia* et ultima.

230. **Qualiter interrogandum.** — Et ut habeamus distinctum modum interrogandi de ipsis passionibus Grammaticae, sciendum est, quod de differentiis constructionum, quae sunt *transitivum* et *intransitivum,* possumus quaerere per hoc interrogativum, *quae?* Sed de istis differentiis, quae sunt *congruum* et *incongruum,* possumus quaerere

per hoc interrogativum, *qualis?* Sed de istis differentiis, quae sunt *perfectum* et *imperfectum*, possumus quaerere per hoc interrogativum, *quanta?* Unde versus:

Quae? trans., intrans.; qualis? con.,
incon.; quanta? per. imper.

INDEX

Pretium huius Operis: L. 1,00.

Opera eiusdem Auctoris.

1. Devocionario de S. Antonio de Padua, 5ª edic. Barcelona, 1902. Un vol. in 8. pag. 400. Li-gat.   L.
2. Los Trece Martes y otras devociones en honor de S. Antonio de Padua, 5ª edic. Barcelona, 1899. Pag. 60.   »
3. León XIII y la Orden Franciscana. Santiago, 1893. In 4 pag. XXX-264.   »
4. León XIII y la V. O. Tercera de S. Francisco. Madrid, 1893. In 8. pag. XI-95.   »
5. Vida de S. Luis Obispo de Tolosa. Barcelona, 1897. In 8. pag. 166. Ligat.   »
6. Novena de S. Luis Obispo de Tolosa. Barce-lona, 1897. In 8. pag. 32.   »
7. Vida del B. Teófilo de Corte. Madrid, 1896. In 8. pag. VIII-64.   »
8. Excelencias de S. José. Barcelona, 1897. In 8, pag. 56.   »
9. Breve Historia del Instituto de las Franciscanas Misioneras de María. Bilbao.   »
10. Devocionario Mariano. Roma, 1899. In 8. pag. 318. Ligat.   »
11. El Jubileo. Instrucciones y prácticas para lu-crarlo. (Approbatum a S. Congr. Indulgent.) Barcelona, 1900. pag. 320.   »
12. El Patriarca S. José Esposo de María Santí-sima. Barcelona, 1900.   »
13. SS. D. N. Leonis PP. XIII. Acta ad Tertium Franciscalem Ordinem spectantia, collecta a P. Fr. Mariano Fernández García. Ad Claras Aquas (Quaracchi), 1901. In 8. pag. 216. »

Alb. prelo:

Lexicon scholasticum philosophico-theolo ex Operibus Doctoris Subtilis exce

CPSIA information can be obtained at www.ICGtesting.com
Printed in the USA
BVOW08s0815150914

366835BV00022B/470/P